RESPONDENDO A
MINHA VOCAÇÃO

Pe. GERALDO DE PAULA SOUZA, C.Ss.R.
Ir. SANDRA DE SOUZA, ASCJ

RESPONDENDO A MINHA VOCAÇÃO

ACOMPANHAMENTO VOCACIONAL
TERCEIRA ETAPA

EDITORA
SANTUÁRIO

DIREÇÃO EDITORIAL:
Pe. Fábio Evaristo Resende Silva, C.Ss.R.

REVISÃO:
Ana Lúcia de Castro Leite

COORDENAÇÃO EDITORIAL:
Ana Lúcia de Castro Leite

DIAGRAMAÇÃO E CAPA:
Bruno Olivoto

COPIDESQUE:
Luana Galvão

**Dados Internacionais de Catalogação na Publicação (CIP)
(Câmara Brasileira do Livro, SP, Brasil)**

Souza, Geraldo de Paula
Respondendo a minha vocação: acompanhamento vocacional: terceira etapa / Geraldo de Paula Souza, Sandra de Souza. – Aparecida, SP: Editora Santuário, 2015.

ISBN 978-85-369-0371-2

1. Formação religiosa 2. Serviço de animação vocacional 3. Vida cristã 4. Vocação I. Souza, Sandra de. II. Título.

15-03169   CDD-248.89

Índices para catálogo sistemático:
1. Vocação religiosa: Guias de vida cristã:
Cristianismo 248.89

2ª impressão

Todos os direitos reservados à **EDITORA SANTUÁRIO** – 2018

Rua Pe. Claro Monteiro, 342 – 12570-000 – Aparecida-SP
Tel.: 12 3104-2000 – Televendas: 0800 - 16 00 04
www.editorasantuario.com.br
vendas@editorasantuario.com.br

DEDICATÓRIA

Dedicamos esta etapa a todas as jovens e todos os jovens que se colocam na busca da vontade de Deus, a fim de que possam ser Discípulas e Discípulos, Missionárias e Missionários, com o coração ardente do desejo de servir a humanidade ferida e sedenta da verdadeira vida.

"... Ajudai aqueles que vós chamais para vosso seguimento neste nosso tempo: fazei com que, contemplando vosso rosto, eles respondam com alegria à maravilhosa missão, que lhes confiais para o bem de vosso Povo e de todos os homens..." (João Paulo II).

SUMÁRIO

Carta à jovem e ao jovem | 9
Aos acompanhantes vocacionais | 11
Apresentação | 13
Introdução | 15

1. Jesus e as tentações no deserto | 17
2. Jesus, um homem de oração | 25
3. Jesus chama seus discípulos | 31
4. Jesus convive com os apóstolos e os ensina | 37
5. Jesus apresenta seu projeto de vida | 43
6. Jesus, o missionário do Pai | 53
7. Jesus alerta quanto às condições para segui-lo | 59
8. Jesus ensina como investir a serviço do reino | 67
9. Mestre, onde moras? | 73
10. Jesus prepara os vocacionados para seguirem-no na missão | 79
11. Senhor, o que queres de mim? Um olhar sobre as vocações específicas | 87
12. A vida fraterna | 99
13. Vida comunitária | 105
14. Os conselhos evangélicos | 113
15. Opção pelos pobres | 121

16. Tomando consciência da missão | 129
17. Jesus me convida a segui-lo | 137
18. Minha liberdade diante de dois caminhos | 145
19. Tomando minha decisão | 153
20. Eis-me aqui, Senhor | 161

Conclusão | 169
Bibliografia | 173

CARTA À JOVEM E AO JOVEM

Parabéns! Sejam bem-vindos à terceira etapa do Discernimento Vocacional.

Que bom! A ousadia de vocês foi corajosa, levando-os a perceber a coragem dos vocacionados da etapa anterior. Acreditamos que muitos deles os ajudaram na descoberta vocacional.

Nesta etapa, convidamos os vocacionados a fazerem a experiência de se aproximarem da pessoa de Jesus Cristo e de sua missão, para melhor responderem ao chamado a "SER" Discípulos e Missionários. Em seguida, eles tomarão consciência da vida religiosa dentre as vocações específicas.

Esta etapa pede para os vocacionados:
- disporem-se à escuta da Palavra de Deus;
- terem maior conhecimento de si mesmos;
- perceberem seus sentimentos mais profundos e para onde eles os levam no concreto de cada dia;
- terem maior intimidade com a pessoa de Jesus Cristo e sua missão;
- tornarem-se discípulos e missionários a serviço do Reino;

- terem maior contato com as religiosas e os religiosos ou sacerdotes e os Novos Movimentos de consagrados e consagradas, cujos carismas vocês poderão conhecer se desejam seguir Jesus Cristo.

Desejamos a vocês uma busca sincera da vontade de Deus.

Queridos jovens, deixem-se conduzir por JESUS CRISTO, que nos conhece e nos chama com carinho e ternura!

Boa Sorte!

AOS ACOMPANHANTES VOCACIONAIS

Estamos vivendo uma mudança de tempos com grande expectativa de alcançar sempre mais. É o mundo da tecnologia, da multimídia e da virtualidade, enfim, o mundo do poder, da competitividade e do lucro. É o mercado que dita as normas, ou as seguimos ou então perderemos as chances de emprego e outras oportunidades.

Nesse caso como ficam os jovens cristãos desse novo tempo? A ditadura do mercado vem afastando-os da Igreja, pois trabalham de segunda a segunda sem descanso, dependendo do movimento comercial. Mesmo assim os jovens de hoje têm o senso de amor, de solidariedade e, dentro do contexto social, alguns vivem na solidão intensa, muitos se encontram nas encruzilhadas da vida, sem orientação, e sem o carinho afetivo dos pais e dos irmãos, quando os têm.

Esses jovens estão sempre de olho nas novidades que saem a cada segundo e sentem o desejo de acompanhá-las na íntegra, passando noites inteiras pesquisando o que há de mais rápido e inovador. Como a onda dos celulares: "O novo celular chegou! Agora sim vai ficar mais fácil a comunicação!" Estamos vendo as consequências de tudo isso: jovens plugados e conectados a seu mundo virtual de forma individualista, hedonista e utilitarista. Com isso, a Família, a Igreja e a Escola vêm perdendo seus valores. Os relacionamentos afetivos e familiares estão sendo impedidos, prejudicando a "cultura dos encontros".

Independentemente de gênero, os jovens vêm dessas diversas situações nos procurando para um discernimento, geralmente entre 15 e 35 anos de idade, pedindo socorro e ajuda para discernir o sentido de sua vida ou sua vocação. Essa tem sido nossa experiência no acompanhamento espiritual e vocacional, no exercício desse ministério.

Nós, acompanhantes vocacionais deste tempo, precisamos ter uma vida de oração intensa, profunda e de grande experiência de Deus, que nos favoreça a ajudar os jovens que vêm a nosso encontro para discernir sua vocação.

A presente etapa tem como objetivo central: levar os jovens a interiorizarem-se para perceber seus sentimentos diante do chamado à conversão e, assim, poderem responder aos apelos de Deus para a própria vida. Com certeza, durante esse processo de discernimento, os jovens farão a própria opção com maior tranquilidade através da ajuda do Acompanhante Espiritual/Vocacional.

É bom que os Acompanhantes Vocacionais deem maior atenção, nesta etapa, aos sentimentos partilhados pelos jovens através da **Leitura Orante** e da **celebração do dia,** a fim de ajudá-los a perceber a ação de Deus em cada um deles.

Recomendo que os Acompanhantes Vocacionais continuem se sentindo livres para seguir esta etapa de acordo com o processo de cada vocacionada e vocacionado, independentemente da sequência dos capítulos e seus subsídios.

OBS.: O presente livro quer ser uma luz e poderá ser ampliado e desenvolvido com toda a liberdade por todos e todas que desejarem levá-lo à frente.

APRESENTAÇÃO

URGENTE COLABORAÇÃO! "Respondendo a minha Vocação" é preciosa ajuda para que, a exemplo de Maria, Mãe de Jesus e nossa, respondamos SIM ao chamado, ao convite que o Senhor nos faz. Nestes abençoados 50 anos do após Concílio Vaticano II, a Igreja na América Latina, particularmente no Brasil, tem conhecido verdadeira primavera no trabalho vocacional. Multiplicam-se Congressos, Encontros, Simpósios, Subsídios, ajudando Dioceses, Paróquias, na organização da Pastoral Vocacional (PV), do Serviço de Animação Vocacional (SAV), para amplo discernimento vocacional e devido ao acompanhamento aos vocacionados.

A "cultura vocacional" anunciada pelo Papa João Paulo II vai ganhando terreno com promissores resultados! O presente e urgente subsídio para "discernimento vocacional" nos coloca frente a frente a Jesus Mestre, Caminho, Verdade, Vida, que nos convida ao anúncio do Evangelho, à construção do Reino do Pai, feito de justiça, amor e paz.

Aos vocacionados, discípulos missionários, cabe responder, com alegria: "Eis-

-me aqui, Senhor; o que queres que eu faça?" O Documento de Aparecida robustece o vocacionado no discernimento, em sua resposta ao chamado: "Conhecer a Jesus Cristo pela fé é nossa alegria; segui-lo é uma graça, e transmitir este tesouro aos demais é uma tarefa que o Senhor nos confiou ao nos chamar e nos escolher" (Documento de Aparecida, 18). Que o Espírito Santo continue iluminando a Irmã Sandra de Souza e o Padre Geraldo de Paula Souza que, neste livro, em sua terceira etapa, oferecem, de modo especial, aos jovens e aos que os acompanham verdadeira luz para o urgente discernimento vocacional.

Dom Angélico Sândalo Bernardino

INTRODUÇÃO

"Estamos vivendo um novo tempo que é uma sociedade planetária cheia de possibilidades e riscos, em que as ferramentas da velocidade não são mais as pernas. Diversidade, mudança e fragmentação fazem da vida uma constante reflexão. Os sinais emitidos pela tradição estão agora em branco. Fazer escolhas, assumir o risco da decisão e responsabilizar-se por elas são questões fundamentais que se colocam hoje para todos nós" (Carmem Zeli Vargas Gil).

Diante do contexto deste tempo à vocacionada e ao vocacionado, no processo de Discernimento Vocacional personalizado, torna-se muito importante o acompanhamento dos jovens, através de encontros vocacionais nas diversas congregações, dioceses ou de forma personalizada. A pessoa que acompanha os jovens precisa estar sempre atenta à ação de Deus atuando na pessoa que se abre à vontade do Criador.

Em nossa experiência de acompanhamento, fomos percebendo as dificuldades dos jovens em descobrir a vontade de Deus a seu respeito, e seu anseio por descobrir essa vontade divina. O apelo de Deus para nós foi o de elaborar alguns subsídios com pistas de conhecimento pessoal e de aprofundamento na vida de oração, a partir da realidade de cada um que, nessa busca de "algo desconhecido" que o inquieta, possa presenciar o Deus vivo que o toca com seu amor, convidando-o para ajudar na reconstrução desse Reino ferido e machucado.

Nunca se deveria esquecer de que o processo de formação, um trabalho progressivo e nunca completado, deve tomar a forma de um desenvolvimento orgânico nas várias etapas da formação, de modo que a vida espiritual nunca fique separada da vida afetiva, intelectual ou apostólica. Sejamos antes orientados para aquela caridade discernente que Santo Inácio nos ensina: procurar reconhecer e escolher a vontade de Deus em qualquer situação.

Isso tudo se tornou para nós uma confirmação da vontade de Deus, acreditando que a vocação é algo muito especial para todas as pessoas nos diversos ministérios e funções. E precisamos acreditar, já que temos a responsabilidade dessa missão a nós confiada.

Este trabalho surgiu na simplicidade e está fundamentado na prática dos últimos anos de acompanhamento espiritual/vocacional e nos anseios dos jovens que buscaram, muitas vezes, soluções para suas insatisfações, inquietudes e desorientações em relação a seu discernimento espiritual/vocacional.

Os livros, subsídios, apostilas, folhetos e palestras lidas e relidas estão descritos na bibliografia de referência e na Bibliografia no final de cada capítulo desta etapa. A base deste livro foi a oração pessoal, quando contemplamos na intimidade a pessoa de Jesus Cristo, seus gestos, sua ternura e acolhida às pessoas; foi também a convivência com os diversos vocacionados, o constante apoio da Sagrada Escritura e as muitas palestras ouvidas em Cursos promovidos pela Pastoral Vocacional e/ou pelo SAV (Serviço de Animação Vocacional).

Não podemos concluir essa introdução sem agradecer ao Espírito Santo essa iluminação de poder escrever uma experiência tão preciosa e tão familiar.

1 JESUS E AS TENTAÇÕES NO DESERTO

I • REFLEXÃO

1. Texto

Antes de Jesus assumir sua Missão Salvadora, foi conduzido pelo Espírito para uma intimidade com o Pai. Jesus foi para o deserto para rezar e se preparar para a árdua e edificante missão de anunciar a Boa-Nova do Reino e a missão de nos salvar. Ali no deserto Jesus foi tentado duramente pelo diabo (cf. Mt 4,1-17).

Se Jesus foi tentado, nós também estamos sujeitos às tentações a vida toda. Podemos imaginar seu corpo debilitado e frágil, muitos dias sem comer no deserto, sentindo fome, sede e, por isso mesmo, humanamente falando, poderia facilmente ser levado pela conversa do diabo e cair em suas propostas tentadoras.

É possível compreendermos que Jesus foi colocado a duras provas e submetido a uma violenta pressão, quando estava desenvolvendo sua missão. As lideranças religiosas do povo judeu esperavam um Rei poderoso que solucionasse todos os problemas, um líder que estivesse à frente do povo para vencer na força das armas outros povos, enfim, uma pessoa revestida de autoridade e poder.

O Santo Evangelho vai nos mostrar que Deus-Pai enviou seu Filho amado não para ser servido, mas enviou o Messias para servir a todos. E Jesus manteve-se fiel à vontade do Pai, não cedendo às adulações do poder, do ter e do prazer, que resumem bem as glórias do mundo materialista.

O deserto é um lugar difícil para caminhar ou permanecer por ser seco e árido. É despovoado, solitário, e Jesus ao encarar essa realidade não se preocupa em levar bagagens que pudessem suprir todas as suas necessidades humanas.

Jesus, o plenamente humano (exceto no pecado), estando no deserto recebeu a visita do diabo. O diabo se aproxima e se aproveita da fragilidade e debilidade de Jesus e o ataca com suas propostas tentadoras.

As tentações que Jesus teve de enfrentar são as mesmas que nos acompanham no dia a dia de nossa vida.

Tentação do TER: Jesus foi atacado no corpo (sentiu fome). Ele estava sem comer há dias e o diabo imaginava: "deve estar com fome... além de vulnerável"; então ele provoca Jesus, pedindo que transformasse as pedras em pães para matar sua fome.

Hoje, em nosso mundo moderno, a mesma tentação nos provoca, pois somos levados para a prática da concupiscência da carne com tudo que é prazeroso a nosso corpo, em vez de nos alimentar do que é puro e sadio, como os valores cristãos. Vemos a busca da destruição dos valores humanos e cristãos a toda hora nos meios de comunicação, rádio, TV, internet, celular, jornais, revistas e outros, procurando assim afastar as pessoas de Deus, de nosso Criador e da realização de sua vontade.

É uma tentação violenta em nossos dias. Vemos também que o consumo exagerado de alguns, bem como o desperdício, tiram o necessário de milhões de pessoas que passam fome, principalmente nos países do terceiro mundo.

Jesus preferiu se entregar nas mãos do Pai, vencendo pela Palavra essa tentação quando responde para o diabo que "Nem só de pão vive o Homem, mas de toda Palavra que sai da boca de Deus" (Lc 4,4).

Tentação do PODER: Jesus é atacado em seus sentimentos. O Diabo coloca-se no alto do Templo e cita as Escrituras dizendo a Jesus: "Se és Filho de Deus, lança-te daqui para baixo, porque está escrito: Aos seus anjos será dada a ordem a teu respeito, para te guardares em todo o teu caminho" (Lc 4,9-11).

É a tentação do monopólio dos que possuem o poder do controle do mercado, social e político, e deixam milhões de pessoas excluídas sem voz nem vez. É a tentação da busca da realização dos grandes milagres, do espetacular. No entanto, Jesus mostra-nos que é o caminho da simplicidade, da humildade e da realização da vontade de Deus que importa, e diz palavras sábias para o demônio: "Não tentarás o Senhor teu Deus" (Lc 4,12).

Tentação do PRAZER: O diabo ataca Jesus com promessas enganosas, dizendo: "Tudo te darei se prostrado me adorares" (Lc 4,7). Essa tentação do poder é permanente, e aquele que se deixa ser levado por ela abandona a fé e a prática da humildade e desvia-se da vocação de ser discípulo do Senhor.

É a tentação que alimenta a mídia e sustenta o luxo e suas consequências desastrosas. Ela é a responsável pela desagregação familiar através das drogas, prostituição e demais promiscuidades.

Jesus é um Messias que nos ensina a renúncia às sugestões diabólicas dos três pilares que dominam os povos, a fim de sermos servos a serviço.

É necessário de nossa parte aprendermos, de Jesus, sua firmeza, a convicção e a fé, para cumprirmos nossa missão de seguidores dele. Só assim poderemos enfrentar os demônios de hoje: a tentação da idolatria da riqueza, da dominação, da discriminação e da competição. Exercitando-nos na fé e na solidariedade fraterna, a exemplo de Jesus, poderemos chegar à doação da própria vida, na hora das provações.

2. Bibliografia para aprofundamento do texto

2.1. BÍBLIA MENSAGEM DE DEUS. Edições Loyola, 1989.
2.2. BÍBLIA SAGRADA. *Método lectio divina*. Sociedades Bíblicas Unidas. 2005.
2.3. WILLAM, Franz Michel. *Vida de Jesus no país e no povo de Israel*. Vozes, Petrópolis, 1952.

3. Questões para aprofundamento

3.1. As tentações do deserto, que Jesus teve de enfrentar, perturbam você nos dias de hoje? Elas estão presentes na sociedade?
3.2. O que fazer para ajudar as pessoas mais próximas a você, para que não caiam nas tentações do prazer, do ter e do poder?

4. Músicas

4.1. *Sl. 31. Atende, Senhor, o clamor do meu coração* (Autor desconhecido).
4.2. *Utopia* – Cebs Trindade – GO – José Vicente.
4.3. Outros cânticos de acordo com o tema.

5. Atividade pessoal ou grupal

Resistência

Objetivo: Favorecer as pessoas a tomarem consciência de que as tentações estão sempre nos rondando, mas que é possível ser mais fortes do que elas pela graça de Deus.

5.1. Reunir o grupo em círculo.
5.2. Ponha em uma mesa, diante da turma, uma sacola de papel, uma caixa de papel, uma jarra com água e uma bacia para não deixar a água cair no chão.
5.3. Apresente a eles a sacola de papel, fale do que é feita e sobre sua resistência. Faça a mesma coisa com a caixa de leite.
5.4. Peça um voluntário para segurar a sacola de papel enquanto você pega a jarra com água e enche a sacola d'água. À medida que for enchendo d'água, interaja com eles, indagando até que ponto aquela sacola suportará a pressão.
5.5. Depois, faça o mesmo procedimento com a caixa de leite/suco e compare a reação de ambas em relação à água: são do mesmo material, mas com resistências diferentes! Por quê?! Dê oportunidade para eles falarem.
5.6. Ler os textos bíblicos em grupo: 1Pedro 5,8-9; 2Pedro 2,9; 1João 1,9; 2,1.12; 4,4.
5.7. Dizer para todos: "Tentações, todos nós estamos sujeitos a enfrentar, qualquer que seja o cristão, ninguém está livre de sofrer tentações, a diferença está na resistência. Como anda a sua?"
5.8. Abrir a discussão deste assunto com os vocacionados.

5.9. Procure destacar o quanto é importante se revestir do "novo homem" e estar sempre se "equipando" espiritualmente. Quanto mais protegidos com a Palavra, oração e comunhão com Deus, melhor. Mostre aos vocacionados que, mesmo se esforçando, se alguém cair em tentação e pecar contra Deus, temos um advogado: Jesus! (1Jo 2,1) E que podemos recorrer a Ele, com confissão, arrependimento sincero e novas atitudes. Pela graça de Deus podemos nos levantar e caminhar firmes novamente.

II • REZANDO MINHA VOCAÇÃO

1. Orientações para a oração pessoal

1.1. Escolher um lugar para sua oração.
1.2. Determinar o tempo de sua oração.
1.3. Pedir a graça que deseja para esse momento de oração.
1.4. Ler e reler o texto com muita calma.
1.5. "Saborear" com o coração o que o marcou.
1.6. Concluir a oração, agradecendo ao Senhor este encontro.

2. Textos bíblicos para a oração pessoal (rezar apenas um texto por dia)

2.1. Lc 4,9-12 – A tentação do prazer.
2.2. Lc 4,1-4 – A tentação do ter.
2.3. Lc 4,5-8 – A tentação do poder.
2.4. At 2,42-45 – A experiência das primeiras comunidades.
2.5. Lc 10,38-42 – Uma experiência de fraternidade.
2.6. No sábado, fazer a avaliação da oração pessoal durante a semana.
2.7. Domingo, participar na paróquia ou na comunidade.

3. Fazer a leitura orante de cada texto bíblico

3.1. O que diz o texto? O texto fala de quê...
3.2. O que o texto diz para mim hoje? Penso em que preciso mudar...

3.3. O que o texto me faz dizer a Deus? Rezo, louvo, agradeço...
3.4. O que o texto me leva a fazer? Faço silêncio... Escuto o que Deus me pede.
3.5. Qual o desafio de pôr em prática o que Deus me pediu?

4. Anotar em seu caderno de oração, após cada texto bíblico, aquilo que mais tocou seu coração

5. Compromisso de vida

5.1. Conversar com pessoas de Igreja – leigas e leigos, religiosas e religiosos – sobre as tentações que sofreram diante de suas decisões.
5.2. Perceber como você tem vencido as tentações em sua vida de cristão.

OBS.: Procure partilhar, de forma transparente e simples, com o acompanhante os sentimentos, medos, dúvidas, receios, apegos..., pois isso o ajudará em seu discernimento espiritual/ vocacional.

"Coragem nas tribulações e nas cruzes, o Senhor te assiste e te dá a força necessária." (Clélia Merloni)

REFLEXÃO

1. Texto

Jesus vivia em constante intimidade com o Pai. Seu desejo, na verdade, era unicamente fazer a vontade de seu Pai. Em vários momentos, Ele rezava, principalmente antes das tomadas de decisões de sua vida.

Aos 12 anos de idade, Ele começou a frequentar o Templo, a casa do Pai. Como judeu, recitava os salmos, de forma piedosa e contemplativa. Sua vida foi plenamente orativa até a hora de sua morte (Lc 2,42-50). Jesus, homem orante e sempre dado à oração. Quando conversou com os doutores da lei, Ele fez da Sagrada Escritura, também, um instrumento de sua oração, demonstrando conhecimento e sabedoria para compreender seus ensinamentos, como vemos em Lucas 2,52.

A oração é o alicerce de toda a vida do cristão. Jesus nos deu o exemplo da oração como intimidade com o Pai, e como Ele gostava de estar com o Pai, tirava tempo para rezar.

Os santos evangelhos narram muitas passagens sobre Jesus em contato com o Pai, mostrando assim a grande intimidade que tinham: "Crede-me: eu estou no Pai e o Pai está em mim" (Jo 17,11). Ele se preocupa em ensinar os discípulos a rezar, mostrando-nos assim que a oração deve fazer parte da vida de seus seguidores, da vida do cristão (Lc 11,1).

De igual modo, Cristo revela, em suas palavras, que a dependência de Deus deve existir em todos os momentos da vida, também, quando passamos ou podemos passar por tentações. Jesus disse: "Vigiai e orai, para que não entreis em tentação; o espírito, na verdade, está pronto, mas a carne é fraca" (Mt 26,41). Aqui Ele dá a receita para não cair nas práticas carnais. Ele deixa, de maneira clara, a fórmula para que seus discípulos sejam fortes diante das tentações, e essa fórmula é a vigilância e oração!

O fato é que Ele não deixava de orar. É bom ressaltarmos que as atividades de Cristo não eram poucas e orava entre uma e outra atividade, nem que precisasse usar o período noturno para isso. Suas palavras relacionadas à oração sempre a focalizam como uma atividade nobre e digna de todo discípulo. Seu ensino sobre como fazer a oração deixa claro o cuidado que devemos ter nessa ação que é, acima de qualquer coisa, o relacionamento, a busca de intimidade e a feliz dependência de Deus, que está sempre de braços abertos para nos acolher. É bom prestarmos atenção em nosso modo de rezar para não sermos, simplesmente, negociantes com o Deus de Jesus Cristo.

A oração de Jesus é o eco mais fiel dos laços eternos do Pai e do Filho. É preciso aprender de Jesus a dizer Pai e trabalhar por sua glória.

Ainda na oração de Jesus, Ele pede pelos discípulos: "Santifica-os na verdade. Tua palavra é verdade. Assim como tu me enviaste ao mundo, também eu os envio ao mundo. Eu consagro-me por eles, para que eles sejam também consagrados na verdade" (Jo 17,6-7). Reza também por todos nós: "Não rogo somente por eles, mas também por aqueles que por sua palavra hão de crer em mim" (Jo 17,20).

Santo Agostinho sobre a oração nos diz: "Nós oramos porque temos um desejo do infinito e porque Deus nos criou para si. Nosso coração está inquieto até encontrar o descanso em ti". E Santa Tereza D'Ávila compartilha conosco que "... oramos porque temos necessidade".

2. Bibliografia para aprofundamento do texto

2.1. BÍBLIA MENSAGEM DE DEUS. Edições Loyola, 1989.
2.2. BÍBLIA SAGRADA. Edição Pastoral, Paulus, 1990.
2.3. DOCUMENTO DE APARECIDA N. 397. Editora Paulus e Paulinas, 2007.
2.4. YOUCAT. *Catecismo jovem da Igreja Católica*. Paulus, São Paulo, 2011, n. 293.
2.5. CATECISMO DA IGREJA CATÓLICA. Vozes, Petrópolis, 1993, n. 2558-2865.

3. Questões para aprofundamento

3.1. "Peçam, e será dado; busquem, e encontrarão; batam, e a porta será aberta. Pois tudo o que pede recebe; o que busca encontra; e àquele que bate, a porta será aberta" (Mt 7,7-8). O que essa passagem do Evangelho dita por Jesus lhe sugere?
3.2. Você tem encontrado espaço em sua vida para fazer sua oração?
3.3. Quando você reza?
3.4. Qual a importância da oração em sua vida?

4. Músicas

4.1. *A ti, meu Deus*. Frei Fabretti, ofm.
4.2. *Eu entrego, Senhor*. Frei Fabretti, ofm.
4.3. Outras, de acordo com a escolha do grupo.

5. Atividades de grupo ou pessoal

"Técnica do jornal"

Objetivo: Pensar juntos.

5.1. Reunir as pessoas em um círculo.
5.2. Cada pessoa recebe uma folha de jornal, abre e coloca no chão a sua frente.
5.3. O facilitador fala: DENTRO, "todos pisam no jornal", depois fala: FORA, "todos pisam fora do jornal". Depois fala: TROCA DE LUGAR, "a pessoa pisa no jornal do colega ao lado". Após algum tempo, um dos jornais será retirado e quem sobrar ficará junto com um colega sobre o jornal dele. E assim sucessivamente serão tirados os jornais até não caber mais todos.
5.4. Sentar em círculo e conversar sobre a dinâmica: o que achou? Quais as facilidades e dificuldades?
5.5. Para você o que é mais fácil, rezar a sós ou com outras pessoas? Deixar que cada pessoa compartilhe sua experiência.
5.6. Falar sobre a importância da oração pessoal e comunitária.

II • REZANDO MINHA VOCAÇÃO

1. Orientações para a oração pessoal

1.1. Escolher um lugar para sua oração.
1.2. Determinar o horário e o tempo de sua oração.
1.2. Pedir a graça que deseja para esse momento de oração.
1.3. Ler e reler o texto com muita calma.
1.4. "Saborear" com o coração o que o marcou.
1.5. Concluir a oração, agradecendo ao Senhor este encontro.

2. Textos para a oração pessoal (rezar apenas um texto por dia)

2.1. Lc 2,46-50 – Jesus reza na casa do Pai.
2.2. Mc 3,13-19 – Antes de escolher os discípulos.
2.3. Jo 17,1-26 – Na hora da despedida.
2.4. Lc 6,9-13 – Ensina os Apóstolos a rezarem.
2.5. Mc 15,34 – Jesus ao ser pregado na cruz.
2.6. No sábado, fazer a avaliação da oração pessoal durante a semana.
2.7. Domingo, participar na paróquia ou na comunidade.

3. Fazer a leitura orante dos textos bíblicos

3.1. O que diz o texto? O texto fala de quê?
3.2. O que o texto diz para mim hoje? Penso em que preciso mudar...
3.3. O que o texto me faz dizer a Deus? Rezo, louvo, agradeço...

2 | JESUS, UM HOMEM DE ORAÇÃO

3.4. O que o texto me leva a fazer? Faço silêncio... Escuto o que Deus me pede.

3.5. Qual o desafio de pôr em prática o que Deus me pediu?

4. Anotar em seu caderno de oração, após cada texto bíblico, aquilo que mais tocou seu coração

5. Compromisso de vida

5.1. Conversar com pessoas da Igreja – leigas e leigos, religiosas e religiosos, sacerdotes – sobre a importância da oração na vida delas e em que têm ajudado na convivência com a família, nas atividades do dia a dia e nos compromissos pastorais.

OBS.: Procure partilhar, de forma transparente e simples, com o acompanhante os sentimentos, medos, dúvidas, receios, apegos, pois isso o ajudará em seu discernimento vocacional.

"Não tenho ouro nem prata, mas trago o que de mais precioso me foi dado: Jesus Cristo!" (Papa Francisco)

3 JESUS CHAMA SEUS DÍSCIPULOS

1 • REFLEXÃO

1. Texto

Jesus deixou Nazaré, sua cidade natal, e foi morar em Cafarnaum, um lugarejo dos pescadores, que se tornou a "cidade de Jesus". Jesus parte para fazer a vontade do Pai.

Viveu as incertezas de seu tempo: as injustiças, os preconceitos, os impostos altíssimos, que atingiam os pobres, principalmente. Diante desse contexto árduo e pobre, Jesus começa chamar alguns homens simples e rudes, mas de boa vontade e de várias profissões, para serem seus discípulos. Esses homens, chamados por Jesus, aguardavam a vinda do Messias e com certeza, esperança e alegria disseram sim ao chamado de Jesus.

Os discípulos ao serem chamados pensaram: "Sou eu que Ele está chamando?". Jesus ao chamá-los cita o nome de cada um com amor e sensibilidade e todos disseram: "Senhor, eis me aqui!", demonstrando alegria em poder estar com Ele e acompanhá-lo em sua missão de anunciar a Boa-Nova do Reino de Deus. Os apóstolos deixaram tudo para seguir Jesus.

Eles perceberam que Jesus falava com autoridade, ternura, simplicidade e um jeito todo especial para acolher e ensinar. Estando próximos a Jesus os apóstolos puderam comprovar tudo de bom que as pessoas comentavam sobre Ele, tanto no que falava, quanto no que fazia. Convivendo com Jesus puderam aprender a amar e a servir.

Os doze apóstolos, segundo os critérios humanos, eram homens de pouca cultura, quanto à posição social, com exceção de Mateus, que com certeza ganhava bem, mas tudo deixou. A maior parte deles vivia da pesca, trabalhava muito para poder manter a eles e a seus familiares. Mesmo com todos os limites que possuíam deram conta de realizar o que Jesus pediu para eles: anunciar a Palavra com amor.

Hoje, Jesus nos chama do meio da multidão, para que nos coloquemos entre os apóstolos, para viver e proclamar a Boa-Nova do Reino para as pessoas que mais necessitam.

E estamos dispostos a seguir Jesus. É Jesus que toma a iniciativa e convida-nos a esse desafio. Para isso sabemos que é preciso ter fé, coragem, amor e muito espírito de serviço.

Sabemos que há muita coisa neste mundo que nos impedem de dizer um sim definitivo ao chamado de Jesus, como a intolerância religiosa, liberdade e prazer, hedonismo, sexo livre, consumismo e outros "ismos". Assumir o chamado de Jesus é andar na contramão. Os "ventos" são fortes e tenebrosos, isto é, a tentação continua a insistir para que você deixe a vontade de Deus de lado, assumindo a perversidade da vida fácil.

Assim como os apóstolos disseram sim a Jesus, vencendo as tentações da época, nós também conseguiremos. Lembremo-nos do que Jesus disse antes de ir para o Pai: "Eis que estarei convosco todos os dias até o fim do mundo" (Mt 28,20).

2. Bibliografia para aprofundamento do texto

2.1. BÍBLIA MENSAGEM DE DEUS. Edições Loyola, 1989.
2.2. BÍBLIA SAGRADA – *Método lectio divina*. Sociedades bíblicas unidas, 2005.
2.3. BÍBLIA SAGRADA. Edição Pastoral, Paulus, 1990.
2.4. DOCUMENTO DE APARECIDA. Paulus e Paulinas, São Paulo, 2007, n. 42.
2.5. MIER, Francisco de. *Caminos y posadas* – Relato autobiográfico de Jesus. Ed. San Plabo, 1990.

3. Questões para aprofundamento

3.1. Em sua opinião, o que levou os discípulos a largarem tudo para seguir Jesus?
3.2. Você considera que foi fácil para eles entenderem o que Jesus queria deles?
3.3. Por que o resultado da missão que realizaram sempre foi positivo?

4. Músicas

4.1. *Jesus Cristo me deixou inquieto*. Padre Zezinho, scj.
4.2. *Antes que te formasse*. Padre José Freitas Campos.
4.3. Outras músicas, de acordo com a escolha do grupo.

5. Atividade grupal ou pessoal

Os discípulos de Jesus

Objetivo: Refletir sobre o discipulado de Jesus hoje.

5.1. O grupo deve estar em círculo e o animador deve orientar o grupo, dizendo o seguinte: "Os discípulos são aqueles que aprendem com o mestre, e para aprender, muitas vezes, é preciso perguntar. Sendo assim, vamos, cada um de nós, colocarmo-nos na situação de discípulo e fazer uma pergunta para o mestre".

5.2. Entregar para cada participante uma folha na qual deverão escrever uma pergunta.

5.3. Assim que todos terminarem de escrever a pergunta, o animador dará a seguinte orientação:
Precisamos de uma pessoa para ser Jesus e essa pessoa fará o seguinte convite, apontando para alguém da sala: "Fulano venha ser meu discípulo". A pessoa apontada dirá: "Eis me aqui" e complementa dizendo: "Mestre, tenho uma pergunta" (e faz a pergunta que escreveu). Na sequência o mestre responde a pergunta do discípulo.

5.4. Para dinamizar mais a atividade, orientar a pessoa que perguntou a assumir o papel de Jesus e escolher outra pessoa para ser discípulo. Esse procedimento poderá ser seguido até que todos perguntem.

5.5. Abrir para conversar sobre a dinâmica.

II • REZANDO MINHA VOCAÇÃO

1. Orientações para a oração pessoal

1.1. Escolher um lugar para sua oração.
1.2. Determinar o horário e o tempo de sua oração.
1.3. Pedir a graça que deseja para esse momento de oração.
1.4. Ler e reler o texto com muita calma.
1.5. "Saborear" com o coração o que o marcou.
1.6. Concluir a oração, agradecendo ao Senhor este encontro.

2. Textos bíblicos para oração pessoal (rezar apenas um texto por dia)

2.1. Mt 4,18-22 – Jesus diz a Pedro e André: "Seguem-me...".
2.2. Lc 6,12-16 – Depois de ter passado a noite em oração, Jesus chama os discípulos.
2.3. Jo 1,35-51 – "Vinde e Vede".
2.4. Mc 3,31-35 – Jesus fala das exigências para o seguimento.
2.5. Mt 10,37-39 – Renúncia de si mesmo.
2.6. No sábado, fazer a avaliação da oração pessoal durante a semana.
2.7. Domingo, participar na paróquia ou na comunidade.

3. Fazer a leitura orante dos textos bíblicos

3.1. O que diz o texto? O texto fala de quê?
3.2. O que o texto diz para mim hoje? Penso em que preciso mudar...

3 | JESUS CHAMA SEUS DISCÍPULOS

3.3. O que o texto me faz dizer a Deus? Rezo, louvo, agradeço.

3.4. O que o texto me leva a fazer? Faço silêncio... Escuto o que Deus me pede.

3.5. Qual o desafio de pôr em prática o que Deus me pediu?

4. Anotar em seu caderno de oração, após cada texto bíblico, aquilo que mais tocou seu coração

5. Compromisso de vida

5.1. Procurar casas de formação (seminários, aspirantados, postulados e/ou noviciados) para convivência e ouvir das vocacionadas e dos vocacionados como se sentiram diante do chamado de Jesus.

5.2. Procurar perceber e sentir seu chamado através de sua intimidade com Deus e do acompanhamento vocacional, a fim de discernir a vontade de Deus para você.

OBS.: Procure partilhar, de forma transparente e simples, com o acompanhante os sentimentos, medos, dúvidas, receios, apegos, pois isso o ajudará em seu discernimento vocacional.

"A voz de Jesus em nosso coração é sempre exigente. A pessoa chamada não pode deixar morrer o espírito recebido, porque Deus não deu um espírito de timidez, de covardia, de fuga... Deu-nos, ao invés, um espírito de audácia, de energia, de luta, de participação, de doação total."

4 JESUS CONVIVE COM OS APÓSTOLOS E OS ENSINA

I • REFLEXÃO

1. Texto

Jesus, após escolher os doze, começa a conviver com eles em casa, nas margens do mar da Galileia, nas cidades e no meio do povo sedento de cura, comida, amor, misericórdia e ternura.

Jesus, durante três anos, convive com seus apóstolos até a sua morte, ressurreição e ascensão ao Céu. Ele vai se revelando como Messias e mostra a eles o Reino de Deus. Revelou que o seguimento exige sacrifício até a morte. Desde o início falou sobre sua morte e que depois ressuscitaria. Mesmo os apóstolos convivendo com Jesus, muitas vezes, não compreendiam o que Ele falava. No entanto, observavam suas atitudes diante das necessidades do povo, as curas que realizava em vista da liberdade e da reintegração das pessoas ao convívio social e comunitário, pois as doenças deixavam a pessoas à margem da sociedade.

Os apóstolos foram compreendendo o que Jesus queria à medida que recebiam explicações dele e, aos poucos, foram tendo a certeza de que o seguimento exigia renúncia e sacrifício, mas que estando com Ele teriam forças para vencer as dificuldades.

A proximidade dos apóstolos com a pessoa de Jesus era muito visível, tanto que as pessoas que os viam os chamavam de irmãos, tendo o mestre sempre à frente deles. Nesse contexto, os discípulos foram desenvolvendo sua missão e atraindo outros discípulos que percebiam o jeito de viver e conviver dessa nova comunidade.

Jesus foi construindo a proximidade uns com os outros, facilitando, assim, a intimidade e a liberdade para expressarem seus pensamentos e sentimentos no grupo.

As motivações dos discípulos e o potencial de resposta de cada um são conhecidos, levando-os a aderirem ao projeto do Reino de Jesus. O discipulado nos fala, também, da aceitação da Cruz que teriam de carregar a cada dia, mas a intimidade dos discípulos com Jesus dava força para enfrentarem as dificuldades da missão.

Muitas vezes os apóstolos não entendiam a fala de Jesus e mais tarde, ao chegarem à casa onde dormiam, perguntavam o significado daquelas parábolas estranhas. Eles puderam presenciar o jeito de ser e de fazer daquele Homem simples, mas de grande sabedoria. Por isso também aprenderam a enfrentar o mundo com simplicidade e abnegação, recebendo apenas o que o povo podia oferecer-lhes para seu sustento. Os apóstolos tinham a certeza de que enfrentariam dificuldades, mas eram confiantes da presença de Jesus junto deles, que lhes dava força e ânimo diante das limitações que surgiam na convivência e na missão.

Seguir Jesus é o coração da vida de uma vocacionada e um vocacionado. E como em todo seguimento existe uma chamada de atenção, Jesus sacode a consciência dos discípulos, ajudando-os a ampliarem sua visão de mundo e a viverem o que pregam, sendo assim coerentes e não hipócritas, como os fariseus e doutores da lei. Jesus não se preocupa com quantidade, mas com a qualidade dos discípulos. Ele não busca aumentar o número de seguidores nem de "adoradores", mas quer seguidores comprometidos que o acompanhem sem reservas (cf. Lc 9,51-62).

2. Bibliografia para aprofundamento do texto

2.1. BÍBLIA MENSAGEM DE DEUS. Edições Loyola, 1989.
2.2. BÍBLIA SAGRADA – *Método lectio divina*. Sociedades Bíblicas Unidas, 2005.
2.3. DOCUMENTO DE APARECIDA. Paulus, São Paulo, n. 131.
2.4. WILLIAM, Franz M. *Vida de Jesus no país e no povo de Israel*. Vozes, Petrópolis, 1952.

3. Questões para aprofundamento

3.1. Hoje, o que mais dificulta a cada um de nós dizer sim ao chamado de Jesus?
3.2. O que falta, em sua percepção, para o cristão ser um autêntico discípulo de Jesus nos dias de hoje?

4. Músicas

4.1. *O Senhor me chamou a trabalhar.* João de Deus.
4.2. *Tu me cativaste.* Ivo Fachini.
4.3. Outras músicas, de acordo com a escolha do grupo.

5. Atividades grupal ou pessoal

Jesus: tenho algo para dizer-lhe!

Objetivo: Ajudar as pessoas a partilharem o aprendizado que tiveram com Jesus.

5.1. Formar um círculo com as pessoas em pé.

5.2. O animador pedirá um voluntário ou uma voluntária para ficar no centro do círculo.

5.3. Entregar para essa pessoa no centro um rolo de barbante.

5.4. Pedir para todos, por uns instantes, pensarem em algo importante na vida que aprenderam com Jesus.

5.5. Dizer para todos que a pessoa que está no centro do círculo representa Jesus e que vai jogar o rolo com barbante para alguém e esse alguém vai falar para Jesus o que aprendeu com Ele.

5.6. Depois a pessoa que falou segurará uma parte do barbante e jogará o rolo para Jesus, que deverá jogá-lo para outra pessoa.

5.7. Esse procedimento irá se desenvolver até o momento em que todos apresentarem seu aprendizado com Jesus.

5.8. No fim a pessoa que representou Jesus também falará de seu aprendizado com o Mestre.

5.9. No final uma teia será formada. Pedir para todos contemplarem e compartilharem com o grupo alguma mensagem que colheu a partir da dinâmica e de seu resultado.

II • REZANDO MINHA VOCAÇÃO

1. Orientações para a oração pessoal (rezar apenas um texto por dia)

1.1. Escolher um lugar para sua oração.
1.2. Determinar o horário e o tempo de sua oração.
1.3. Pedir a graça que deseja para esse momento de oração.
1.4. Ler e reler o texto com muita calma.
1.5. "Saborear" com o coração o que o marcou.
1.6. Concluir a oração, agradecendo ao Senhor este encontro.

2. Textos para sua oração pessoal

2.1. Jo 6,16-21 – "É um fantasma!" Jesus disse: "Coragem!"
2.2. Mt 15,32-39 – "Onde poderemos conseguir, em um lugar desabitado, pães para tanta gente."
2.3. Mc 9,27-30 – "Tu és o Cristo, o Filho do Deus vivo."
2.4. Mc 6,30-34 – Os apóstolos contavam tudo a Jesus.
2.5. Lc 9,37-43 – "Por que nós não pudemos expulsar esse espírito?"
2.6. No sábado, fazer a avaliação da oração pessoal durante a semana.
2.7. Domingo, participar na paróquia ou na comunidade.

3. Fazer a leitura orante dos textos bíblicos

3.1. O que diz o texto? O texto fala de quê?
3.2. O que o texto diz para mim hoje? Penso em que preciso mudar...

3.3. O que o texto me faz dizer a Deus? Rezo, louvo, agradeço.
3.4. O que o texto me leva a fazer? Faço silêncio... Escuto o que Deus me pede.
3.5. Qual o desafio de pôr em prática o que Deus me pediu?

4. Anotar em seu caderno de oração, após cada texto bíblico, aquilo que mais tocou seu coração

5. Compromisso de vida

5.1. Observar onde e como você testemunha as atitudes de Jesus em sua vida diária.
5.2. Quais suas atitudes diante dos anticristos no mundo de hoje?

OBS.: Procure partilhar, de forma transparente e simples, com o acompanhante os sentimentos, medos, dúvidas, receios, apegos, pois isso o ajudará em seu discernimento vocacional.

"Queridos jovens, não tenhais medo de dar passos definitivos na vida. Tende confiança! O Senhor não vos deixa sozinhos." (Papa Francisco)

5 JESUS APRESENTA SEU PROJETO DE VIDA

I • REFLEXÃO

1. Texto

O projeto de Jesus: as bem-aventuranças foram para os primeiros discípulos e continuam sendo para os discípulos de hoje uma forte e segura proposta.

Esse projeto é um guia seguro para o discípulo que deseja pôr seus pés nos passos de Jesus. Pressupõe despojamento e desapego da mentalidade materialista, consumista e competitiva. Exige mudanças de hábitos (costumes egoístas) e da lógica do mundo atual.

Se desejamos uma felicidade segura e verdadeira, precisamos prestar atenção na pessoa de Jesus e aprender a viver como Ele viveu. As "Bem-Aventuranças" (Mt 5,1-12) nos mostram o caminho a ser seguido pelos discípulos de Jesus. Vamos recordá-las:

1.1. "Bem-aventurados os pobres de espírito: deles é o Reino dos Céus."

Quem são os pobres de espírito para Jesus? Em primeiro lugar são aqueles a quem falta o necessário para sobreviver. Aqueles que lutam por sua dignidade: os desempregados, os sem teto e sem terra, os de trabalho informal e os excluídos. E, acima de tudo, são os que procuram viver o estilo de vida de Jesus, sendo alguém que partilha, alguém que é misericordioso e tem uma compaixão solidária. São aqueles que, a exemplo de Jesus, optaram pela pobreza, renunciando a ambição, a ganância e a competição. Somos pobres de espírito quando:

1.1.1. desfrutamos do que nos dão;
1.1.2. quando a necessidade dos outros nos faz mudar de vida;
1.1.3. despojamos de nossas necessidades em favor dos mais desfavorecidos.

1.2. "Bem-aventurados os aflitos: serão consolados por Deus." São aqueles que sofrem a opressão ou dificuldades provocadas pelo sistema de nosso mundo atual, envolvido pela ação das forças do mal e da morte. Deus promete mudar essa situação consolando seu povo como fez no passado. Estamos com eles quando:

1.2.1. o sofrimento do outro é nosso sofrimento;
1.2.2. tomamos consciência dos sofrimentos das pessoas e somos solidários a elas.

1.3. "Bem-aventurados os mansos e humildes: possuirão a terra prometida." Trata-se daqueles que constroem relações no diálogo em busca da concórdia, isto é, apresentam-se desarmados. Mansos e humildes são aqueles que procuram viver como Jesus que, combatido e perseguido, não responde com a mesma moeda da violência. São aqueles que se apresentam de mãos vazias diante de Deus. Aqueles que renunciam às atitudes orgulhosas de autossuficiência e voluntarismo. Livres dessa ostentação a tendência é a humildade que leva a pessoa a inclinar-se diante do Senhor nosso Deus. Somos humildes quando:

> 1.3.1. reconhecemos nossos erros e queremos começar de novo;
> 1.3.2. renunciamos a todo privilégio, procuramos testemunhar o que aprendemos.

1.4. "Bem-aventurados os que têm fome e sede de justiça: serão saciados." São os que praticam e vivem, no concreto da vida, a vontade de Deus. Eles têm a justiça como valor fundamental nas relações, tão necessária como é o oxigênio para o organismo. São ainda os que se colocam na busca do reino de Deus e sua justiça acima de tudo. Como recompensa, Deus concede a felicidade completa aos justos. Somos sedentos de justiça, quando:

> 1.4.1. lutamos para restituir o que é do outro;
> 1.4.2. renunciamos a nosso direito em favor do povo;
> 1.4.3. reconhecemos que somos servos inúteis, diante do Senhor, na luta pelo Reino;
> 1.4.4. o clamor do povo ressoa em nossos corações.

1.5. "Bem-aventurados os misericordiosos: receberão a misericórdia de Deus." São aqueles que se dão de coração aos necessitados com generosidade gratuita, sem esperar recompensas. Esta bem-aventurança pode ser considerada o centro das demais. Não é apenas um sentimento, mas a ação concreta. Essa foi a prática de Jesus para com os pecadores e necessitados. Somos misericordiosos quando:

> 1.5.1. a necessidade do irmão é a nossa lei;
> 1.5.2. sentimos atração irresistível pelos mais necessitados deste mundo;
> 1.5.3. sentimos que vale a pena viver como Jesus.

1.6. "Bem-aventurados os que têm um coração puro: eles verão a Deus." São aqueles que são puros no profundo do ser, para além das aparências externas. É ter um coração livre da cobiça, da mentira, da ambição e da idolatria. São os que largaram os ídolos e se doaram sem reservas para o Reino. É amar a Deus com todo o coração. Somos puros de coração quando:

> 1.6.1. ajudamos a descobrir o bem que há nas outras pessoas;
> 1.6.2. dizemos sempre a verdade;
> 1.6.3. nossos amigos são aqueles que ninguém considera;
> 1.6.4. vivemos a fundo nossa realidade.

1.7. "Bem-aventurados os que procuram a paz: serão chamados filhos de Deus." São aqueles que trabalham pela concórdia entre os homens; promovem a paz entre os grupos sociais, os povos, reatam países separados por conflitos. Os que trabalham pelo bem-estar social, lutando na construção de uma sociedade justa, sem divisões, sem violência e desigualdades. Buscamos a paz quando:

    1.7.1. lutamos pela vida;
    1.7.2. não causamos dor a ninguém;
    1.7.3. lutamos pela paz entre as pessoas.

1.8. "Bem-aventurados os perseguidos por serem fiéis à vontade de Deus: deles é o Reino dos céus." São aqueles que encontram dificuldades, são incompreendidos e perseguidos por viverem as bem-aventuranças neste mundo egoísta. É possível perceber que não se trata de qualquer dificuldade, mas são aquelas que sofrem por serem fiéis à justiça de Deus. Somos perseguidos quando:

    1.8.1. aprendemos a viver como os pobres;
    1.8.2. escutamos a voz do Pai e fazemos sua vontade;
    1.8.3. assumimos o sofrimento dos crucificados da terra dando a vida.

Portanto, se colocarmos em prática as bem-aventuranças, experimentaremos uma profunda alegria interior, que nos moverá, fortalecendo nossos anseios mais autênticos de servir a Deus.

2. Bibliografia para aprofundamento do texto

    2.1. BÍBLIA MENSAGEM DE DEUS. Edições Loyola, 1989.
    2.2. BÍBLIA SAGRADA. Edição Pastoral, Paulus, São Paulo, 1990.
    2.3. BETTENCURT, Estevão T. *Cursos de parábolas*. Agência Ed. e Prod. Gráfica Ltda. Rio de Janeiro, 2001.

2.4. EMMERICH, Ana Catarina. *Vida pública de Jesus.* Paulus, São Paulo, 1999.

2.5. GRUPO FONTE. *Fidelidade ao projeto do Pai.* Exercícios Espirituais, 2010.

3. Questões para aprofundamento

3.1. Qual a importância das "Bem-Aventuranças" em sua vida?

3.2. Qual delas é a mais desafiadora para você? Por quê?

3.3. Com qual delas você mais se identifica? Por quê?

4. Músicas

4.1. *Vou cantar teu amor.* Pe Fábio de Melo.

4.2. *Vejam, eu andei pelas vilas.* Frei Fabretti, ofm.

4.3. Outras músicas, de acordo com a escolha do grupo.

5. Atividade grupal ou pessoal

Bem-aventuranças

Objetivo: Sensibilizar as pessoas em torno da realidade de sofrimento que muitos vivem.

5.1. Reunir o grupo em círculo e pedir para as pessoas ficarem de pé e se olharem em silêncio.

5.2. Orientar a caminharem pela sala e depois de certo tempo pedir para pararem e fecharem os olhos.

5.3. Entregar para cada participante uma Bem-Aventurança, sendo que duas ou mais pessoas, dependendo do tamanho do grupo, receberão a mesma Bem-Aventurança.

5.4. Pedir para abrirem os olhos e irem ao encontro da pessoa ou das pessoas, que têm a mesma Bem-Aventurança. Assim que encontrar ficar junto dela.
5.5. Orientar para que cada dupla ou trio converse sobre a Bem-Aventurança que pegou. Na conversa procure lembrar as pessoas da Igreja, da família ou da sociedade que viveram ou vivem o que diz essa Bem-Aventurança. Essa partilha deve ser feita em dez minutos.
5.6. Terminada a partilha todos devem voltar para o grupo e partilhar a experiência vivenciada.

1. Orientações para a oração pessoal

1.1. Escolher um lugar para sua oração.
1.2. Determinar o horário e o tempo de sua oração.
1.2. Pedir a graça que deseja para esse momento de oração.
1.3. Ler e reler o texto com muita calma.
1.4. "Saborear" com o coração o que o marcou.
1.5. Concluir a oração, agradecendo ao Senhor este encontro.

2. Textos bíblicos para sua oração pessoal (rezar apenas um texto por dia)

2.1. Mt 5,1-12 – As bem-aventuranças, o reflexo da pessoa e da vida de Jesus.
2.2. 1Cor 1,26-31 – Deus prefere o fraco ao forte: assim ninguém pode gloriar-se de suas próprias forças.
2.3. Lc 6,20-29 – O pequeno e humilde é portador de salvação.
2.4. 2Cor 1,3-11; 7,4-7 – Feliz, também, é a pessoa que se aflige com os males dos outros e vai ao encontro dos que sofrem e sabe consolá-los, como Jesus o fez.
2.5. Lc 6,24 – Ai de vós...
2.6. No sábado, fazer a avaliação da oração pessoal durante a semana.
2.7. Domingo, participar na paróquia ou na comunidade.

3. Fazer a leitura orante dos textos bíblicos

3.1. O que diz o texto? O texto fala de quê?
3.2. O que o texto diz para mim hoje? Penso em que preciso mudar...
3.3. O que o texto me faz dizer a Deus? Rezo, louvo, agradeço.
3.4. O que o texto me leva a fazer? Faço silêncio... Escuto o que Deus me pede.
3.5. Qual o desafio de pôr em prática o que Deus me pediu?

4. Anotar em seu caderno de oração, após cada texto bíblico, aquilo que mais tocou seu coração

5. Compromisso de vida

5.1. Observar onde o projeto de Jesus, que também é nosso, está mais "ferido", isto é, em decadência.
5.2. Participar de movimentos que ajudem nossos irmãos e nossas irmãs a saírem da exclusão social.
5.3. Sair pelas ruas de seu bairro para identificar os bem-aventurados que necessitam de nossa misericórdia.
5.4. Procurar nas revistas ou jornais notícias que retratam a realidade dos bem-aventurados.

OBS.: Procure partilhar, de forma transparente e simples, com o acompanhante os sentimentos, medos, dúvidas, receios, apegos, pois isso o ajudará em seu discernimento vocacional.

Desafios de nosso tempo:
"... **a utilização dos recursos da Terra, o respeito pela ecologia, a justa repartição dos bens e o controle dos mecanismos financeiros, a solidariedade com os países pobres**

no âmbito da família humana, a luta contra a fome no mundo, a promoção da dignidade no trabalho humano, o serviço à cultura da vida, a construção da paz entre os povos ..."
(Papa Bento XVI)

6 JESUS, O MISSIONÁRIO DO PAI

I • REFLEXÃO

1. Texto

A primeira missão foi realizada por Deus, nosso Pai. Na obra da criação, explicitada no início do Livro do Gênesis, podemos observar esse gesto missionário, em que tudo que Ele fez, foi de forma gratuita a serviço do homem e da mulher. A criação, portanto, é o grande gesto de mão missionária. A terra era um lugar de harmonia e partilha.

Infelizmente, tudo isso foi destruído pelo homem e pela mulher que, na insatisfação humana, quiseram ser como Deus, abusando da liberdade que Deus lhes havia concedido e desviaram-se do bem, voltando-se para si mesmos e para as coisas materiais.

Nesse contexto de caos, Deus enviou seu Filho Jesus, que se tornou "Verbo que se fez carne" no seio de uma mulher, seguindo o ciclo normal da gravidez das mães de hoje. O Filho de Deus se fez pobre para servir, para redimir, reconciliando-nos novamente com Deus. Jesus cresceu conhecendo toda a realidade sócio-política-cultural e religiosa de sua época. Conhecia muito bem o povo e suas necessidades. Suas atitudes e gestos eram cheios de misericórdia, ternura e compaixão, a ponto de dizer: "Aquele que me viu, viu também meu Pai" (Jo 14,9).

Jesus recebeu sua missão das mãos do Pai; em suas palavras e atitudes, revelou o rosto de um Pai, amoroso, misericordioso e justo. Pelo bem que fazia, ao libertar os menores daquela sociedade excludente, muitos falavam a respeito dele como sendo um profeta poderoso em obras e palavras diante de Deus e do povo.

Quando Ele falava, a multidão se admirava de sua doutrina, pois ensinava como quem possui autoridade e não como os escribas e doutores da lei, que falavam e não viviam o que pregavam.

Para Jesus a vida das pessoas estava sempre acima de qualquer lei e, por isso mesmo, até em dia de sábado, realizou curas, escandalizando os fariseus e doutores da lei que colocavam a lei acima de tudo.

Jesus é o grande Missionário do Pai. Ele acolheu plenamente a vontade do Pai, falando e fazendo o que o Pai lhe ordenara, sacrificando sua própria vida para nos salvar. Ele deu para nós o exemplo para sermos autênticos missionários dele, para testemunhar e anunciar o Reino de Deus. Jesus, ao entregar sua vida para nos libertar de toda a escravidão, selou conosco a Nova e Eterna Aliança, mostrando assim ser um Deus que nos amará para sempre.

Enquanto estava neste mundo, como ser humano, pôde sentir alegrias, angústias, viveu em tudo a condição humana, exceto no pecado. Na convivência com os humanos foi formando os discípulos. Conseguiu fazer de homens simples, verdadeiros seguidores, bons administradores e excelentes profetas.

Precisamos descobrir o valor da missão e colocar-nos no seguimento de Jesus Cristo, o Missionário por excelência, adquirindo força e vigor missionário neste mundo líquido, encoberto pela névoa que embaça a nossa vida e que tem tirado a paz, a alegria, a vivência fraterna, amorosa e justa entre nós, filhos e filhas de Deus.

A missão de Jesus foi concluída e deixou os discípulos encarregados de continuarem o anúncio da Boa-Nova do Reino. Hoje, somos nós cristãos que devemos ser os portadores da fé. Sabemos que para darmos conta dessa missão precisamos andar na contramão dos contravalores da sociedade atual, que tem seus recursos próprios para impor ideologias contrárias à vontade de Deus. Mas não temos nada a temer, porque Deus está conosco e com Ele venceremos.

2. Bibliografia para aprofundamento do texto

2.1. BÍBLIA SAGRADA – *Método lectio divina*. Sociedades Bíblicas Unidas, 2005.
2.2. BÍBLIA SAGRADA. Edição Pastoral, Paulus, 1990.
2.3. DOCUMENTO DE APARECIDA. Paulus, São Paulo, 2007, n. 63.

3. Questões para aprofundamento

3.1. Para você, a missão que o Pai confiou a Jesus, nossa salvação, foi fácil de ser realizada? Por quê?
3.2. Em sua opinião, quais foram as principais dificuldades encontradas por Jesus para realizar a missão confiada pelo Pai a Ele?
3.3. Qual sua compreensão sobre as palavras que Jesus disse quando estava no Horto das Oliveiras: "Pai, se queres, afasta de mim este cálice. Contudo, não se faça a minha vontade, mas a vossa!" (Lc 22,42)?

4. Músicas

4.1. *Juventude e fraternidade. Campanha da fraternidade 2013.*
4.2. *Ide pelo mundo.* Padre José Cândido da Silva.
4.3. Outras músicas, de acordo com a escolha do grupo.

5. Atividade pessoal ou grupal

"Bolinha de papel"

Objetivo: Desenvolver uma maior sensibilidade para com o outro.

5.1. Essa dinâmica pode ser realizada na sala, em um espaço aberto, em uma quadra, de acordo com as possibilidades do grupo.
5.2. Pedir para as pessoas ficarem em pé e formarem um círculo.
5.3. Entregar para cada pessoa uma folha de sulfite branca e uma caneta.
5.4. Peça para cada jovem observar a folha. Se está suja, amassada, com alguma dobra.
5.5. Depois, peça para que façam uma bolinha de papel com a folha.
5.6. Certifique-se de que todos amassaram bem sua folha e fizeram a bolinha. E então peça para voltarem a folha como estava. Sem o amassado, sem nenhuma ruguinha ou dobra.
5.7. É claro que não conseguirão. Faça um paralelo entre os sentimentos e a folha de papel. Será que, quando eu faço uma besteira e magoo alguém, posso devolver os sentimentos dela, da mesma forma como eram? Posso desamassar os sentimentos, como uma folha de papel? Pergunte e deixe-os pensar.
5.8. Depois peça para cada um escrever uma qualidade, que percebe que tem na folha amassada! Sem nome. Só a qualidade.
5.9. Explique que uma das formas de ajudar o outro é colocar a sua disposição sua melhor qualidade! No final, peça para cada pessoa falar sua qualidade; assim que todos tiverem falado, incentivar a trocarem as qualidades, ou seja, dar para o colega o papel amassado com sua qualidade.
8. Qual a relação que podemos fazer dessa dinâmica com a Missão de Jesus?
9. Qual a relação da dinâmica com nossa Missão nos dias de hoje?

II • REZANDO MINHA VOCAÇÃO

1. Orientações para a oração pessoal (rezar apenas um texto por dia)

1.1. Escolher um lugar para sua oração.
1.2. Determinar o horário e o tempo de sua oração.
1.3. Pedir a graça que deseja para esse momento de oração.
1.4. Ler e reler o texto com muita calma.
1.5. "Saborear" com o coração o que o marcou.
1.6. Encerrar a oração, agradecendo ao Senhor este encontro.

2. Textos bíblicos para sua oração pessoal

2.1. Jo 6,38-39 – Jesus o Missionário do Pai.
2.2. Jo 1,1-17 – Jesus anuncia a Boa-Nova que é Ele mesmo.
2.3. At 9,3-30 – O missionário tem um encontro profundo com Jesus.
2.4. Mc 1,17-20 – Jesus chama os seus pelo nome para a missão.
2.5. At 1,6-11 – Sereis minhas testemunhas em Jerusalém... e até os confins do mundo.
2.6. No sábado, fazer a avaliação da oração pessoal durante a semana.
2.7. Domingo, participar na paróquia ou na comunidade.

3. Fazer a leitura orante dos textos bíblicos

3.1. O que diz o texto? O texto fala de quê?
3.2. O que o texto diz para mim hoje? Penso em que preciso mudar...

3.3. O que o texto me faz dizer a Deus? Rezo, louvo, agradeço.

3.4. O que o texto me leva a fazer? Faço silêncio... Escuto o que Deus me pede.

3.5. Qual o desafio de pôr em prática o que Deus me pediu?

4. Anotar em seu caderno de oração, após cada texto bíblico, aquilo que mais tocou seu coração

5. Compromisso de vida

5.1. Visitar as congregações missionárias de sua paróquia ou comunidade e perguntar:
- Qual é o tipo de missão que realizam e a serviço de quem está a missão?
- Quais são os países beneficiados por essa missão?
- Que tipo de missão você estaria disposto a iniciar a partir de agora?

OBS.: Procure partilhar, de forma transparente e simples, com o acompanhante os sentimentos, medos, dúvidas, receios, apegos, pois isso o ajudará em seu discernimento vocacional.

Assim como Jesus foi enviado pelo Pai para evangelizar os pobres, sanar os contritos de coração (cf. Lc 4,18), do mesmo modo Jesus envia seus seguidores em missão, para darem continuidade a sua obra evangelizadora e salvadora.

7 JESUS ALERTA QUANTO ÀS CONDIÇÕES PARA SEGUI-LO

I • REFLEXÃO

1. Texto

A vida nos dias de hoje tem nos mostrado que há uma crise muito grande de sentido ou há um vazio de objetivos. Por causa disso, a sociedade se apoia no ter, tentando suprir suas carências, levando as pessoas a uma perda da real dignidade, de seu próprio ser. No entanto, sabemos que não é este o caminho que leva a uma verdadeira qualidade de vida.

As condições para aqueles que se dispõem a seguir Jesus são as mesmas que Ele teve para anunciar, libertar os pobres e necessitados e dar a vida para a salvação da humanidade.

As condições, segundo os evangelhos, são: "Renunciar a si mesmo, tomar sua cruz e segui-lo". A renúncia de si mesmo significa: partilha, solidariedade, compaixão e misericórdia. E tomar a cruz significa ter disposição para arriscar tudo por causa de Jesus. Essa renúncia, da qual fala Jesus, é a liberdade dos filhos e filhas. Estando livres, podemos testemunhar e anunciar com alegria a Boa-Nova de Jesus Cristo.

A primeira exigência para prosseguir o caminho é o desapego em relação a tudo, deixar até a família e os amigos, assumindo os diversos desafios para segui-lo. É preciso assumir essa causa, a do desapego. Estando livre e desapegada para a missão, a pessoa não permitirá que a lógica do mercado e da mídia, que procuram dar as regras para todos os indivíduos da sociedade, leve-os a uma prática individualista e consumista. Sabemos que a lógica perversa do mercado tem o poder de seduzir muitos de nossos jovens, levando-os a trocar o corpo pelo dinheiro e pelo uso de bens, que não os fazem crescer como pessoas e como membros responsáveis pela construção de um mundo mais justo e fraterno.

Aquele que segue Jesus, o Redentor, tem urgência, tem pressa de levar a Boa-Nova de Jesus aos mais necessitados, assim como a Virgem Maria que saiu às pressas para visitar sua prima Isabel para ajudá-la nos serviços. O amor a Jesus Cristo e a confiança em suas palavras de vida e libertação dão para nós a força de que precisamos para assumirmos a missão. Não podemos esquecer-nos das palavras encorajadoras que Jesus Cristo disse aos apóstolos, pouco antes da Ascensão: "Toda a autoridade foi dada a mim no céu e sobre a terra. Portanto, vão e façam com que todos os povos se tornem meus discípulos, batizando-os em nome do Pai, e do Filho, e do Espírito Santo, e ensinando-os a observar tudo o que ordenei a vocês" (Mt 28,18-20).

"O seguimento de Jesus traz consigo uma série de implicações e exige de todos nós muito mais do que o entusiasmo ou a boa vontade. Exige disposição de deixar muita coisa para trás, inclusive o conforto, os costumes, a cultura e até mesmo os grandes valores que norteiam nossa vida. Seguir Jesus significa ter a disposição de sempre ir em frente, sempre ir além, sempre buscar o novo para que a boa-nova aconteça; é uma vida marcada sempre por novos desafios, é sempre atravessar o lago e buscar a outra margem, onde novas pessoas esperam para serem evangelizadas. Seguir Jesus significa colocar a obra evangelizadora acima de tudo" (*Liturgia CNBB; http://www.franciscanos.org.br/?p=40469*).

O verdadeiro seguidor, o discípulo fiel de Jesus, é aquele que diante do sofrimento dos irmãos tem compaixão, solidariza-se com eles e oferece elementos para ajudá-los a sair da situação de dor. Ao refletirmos a história da Igreja, vemos que muitos entregaram sua vida lutando pela dignidade dos mais abandonados. São nossos mártires que deram sua vida; mas sua morte não foi em vão, pois o sangue derramado no chão tornou-se para nós sementes de libertação.

O comprometimento com a vida das pessoas, testemunhada por Jesus Cristo e por seus seguidores ao longo da história de nossa Igreja, leva-nos a refletir que não podemos nos acomodar com orações e liturgias que se prendem apenas ao conforto espiritual e à busca de prosperidade material, mas é preciso estarmos sempre atentos às dores e aos sofrimentos de cada um de seus filhos e iluminá-los a partir da Palavra de Deus, para encontrar saídas para seu sofrimento.

2. Bibliografia para aprofundamento do texto

2.1. BÍBLIA MENSAGEM DE DEUS. Edições Loyola, 1989.
2.2. BÍBLIA SAGRADA. Edição Pastoral, Paulus, São Paulo, 1990.
2.3. CATECISMO DA IGREJA CATÓLICA. Vozes, Petrópolis. 1993, n. 520-521.
2.4. DOCUMENTO DE APARECIDA, n. 41.

3. Questões para aprofundamento

Somos convidados a ter grande familiaridade com a pessoa de Jesus, a fim de conhecê-lo em maior profundidade para, aos poucos, identificar-nos com Ele, amando-o e, consequentemente, seguindo-o. Você tem procurado estar próximo a Ele?

3.1. Quais suas disposições para assumir o caminho de Jesus de acordo com a fala do Papa Francisco: "A Igreja precisa de fervor apostólico e não de cristãos de salão".

4. Músicas

4.1. *Luz divina.* Roberto/Erasmo Carlos.
4.2. *O Senhor me chamou.* Frei Fabreti, ofm.
4.2. Outras músicas, de acordo com a escolha do grupo.

5. Atividade pessoal ou grupal

"Tirando ou não o chapéu"

Objetivo: Levar as pessoas ou o grupo a ter uma reflexão crítica a respeito da prática de algumas pessoas.

5.1. Reunir o grupo em círculo.
5.2. Colocar no meio da sala um chapéu e fotografias de personalidades conhecidas, nacional ou mundialmente, ou o nome delas. Essas fotos ou nomes deverão ser virados de tal forma que ninguém os veja antecipadamente.
5.3. Pedir para alguém iniciar. Essa pessoa deverá ir até o chapéu e colocar dentro dele uma foto ou nome e sen-

tar-se em seu lugar; assim que sentar deverá falar se tira ou não o chapéu para aquela personalidade e por quê.
5.4. Assim que essa pessoa terminar de falar, deverá passar o chapéu para outra pessoa, que irá até o centro pegar outra foto ou nome. Esse procedimento deverá ser seguido até que todos tenham passado pela experiência.
5.5. No final, o animador poderá perguntar para cada participante: Você tira o chapéu para você? Por quê?

II • REZANDO MINHA VOCAÇÃO

1. Orientações para a oração pessoal

1.1. Escolher um lugar para sua oração.
1.2. Determinar o horário e o tempo de sua oração.
1.3. Pedir a graça que deseja para esse momento de oração.
1.4. Ler e reler o texto com muita calma.
1.5. "Saborear" com o coração o que o marcou.
1.6. Concluir a oração, agradecendo ao Senhor este encontro.

2. Textos bíblicos para sua oração pessoal (rezar apenas um texto por dia)

2.1. Sl 68 (67),6-7.36 – Deus dá força a seu povo.
2.2. 1Rs 3,7-12 – Salomão não pede riquezas, mas sabedoria.
2.3. Ef 1,3-14 – Deus nos criou para sermos seus filhos.
2.4. Mc 10,46-52 – Jesus mostra que vale a pena "ver de novo".
2.5. Lc 5,12-16 – Jesus quer que todos saiam da marginalização.
2.6. No sábado, fazer a avaliação da oração pessoal durante a semana.
2.7. Domingo, participar na paróquia ou na comunidade.

3. Fazer a leitura orante dos textos bíblicos

3.1. O que diz o texto? O texto fala de quê?
3.2. O que o texto diz para mim hoje? Penso em que preciso mudar...

3.3. O que o texto me faz dizer a Deus? Rezo, louvo, agradeço.

3.4. O que o texto me leva a fazer? Faço silêncio... Escuto o que Deus me pede.

3.5. Qual o desafio de pôr em prática o que Deus me pediu?

4. Anotar em seu caderno de oração, após cada texto bíblico, aquilo que mais tocou seu coração

5. Compromisso de vida

5.1. Conversar com seus pais sobre o que fazem para viver bem a vocação matrimonial.

5.2. Escolher dois colegas ou amigos de escola ou da comunidade para saber sobre o que estão fazendo para viver bem a vida humana, a vida cristã e a vida profissional.

5.3. Procure refletir também sobre o que você tem feito para estar mais disponível para seguir Jesus Cristo e para entregar sua vida a serviço do Reino de Deus.

OBS.: Procure partilhar, de forma transparente e simples, com o acompanhante os sentimentos, medos, dúvidas, receios, apegos, pois isso o ajudará em seu discernimento vocacional.

Aquele que optou por seguir Jesus, optou colocá-lo no centro de sua vida. Estar com Ele e fazer sua vontade são as grandes riquezas de quem o escolhe.

8 JESUS ENSINA COMO INVESTIR A SERVIÇO DO REINO

I • REFLEXÃO

1. Texto

Com certeza esta foi a atitude de Jesus: colocar o reino de Deus em primeiro lugar, doando-se totalmente a serviço, para que no mundo pudéssemos viver no amor, na paz, na justiça, e tivéssemos vida em abundância. Jesus soube investir toda a sua energia para que que nós tivéssemos vida na liberdade. Ele nos ensinou a relativizar e a renunciar tudo aquilo que fosse contra a vida.

Jesus fez um grande investimento na formação de seus Discípulos e Apóstolos para que pudessem realizar a missão não por dinheiro ou por coisas materiais e supérfluas. Ele aprendeu de seu Pai, o Grande Investidor em Jesus. Precisamos investir no Reino de Deus, como Jesus nos ensinou, pois assim estaremos trabalhando para que todo tipo de injustiça e maldade, que prejudicam a vida de tantos irmãos e irmãs, possam desaparecer da face da terra.

Em várias passagens do Evangelho Jesus fala do Reino de Deus para nós. Começa sua vida pública dizendo: "Convertam-se porque o Reino de Deus está próximo" (Mt 4,17).

Ensina-nos que é preciso em primeiro lugar buscar o Reino de Deus e tudo o mais nos será acrescentado (cf. Mt 6,33). Ele faz muitas comparações com o Reino dos céus, incentivando assim as pessoas a acolherem a proposta de Deus: "O Reino do céu é como um tesouro escondido no campo. Um homem o encontra e o mantém escondido. Cheio de alegria, ele vai, vende todos os seus bens e compra esse campo" (Mt 13,44). Como vimos, não podemos perder tempo, vamos todos aderir ao projeto do Reino de Deus e anunciá-lo com alegria em todos os cantos do mundo e para todas as pessoas.

Precisamos estar sempre conscientes de que para seguir Jesus, para viver como Ele viveu e anunciar o Reino de Deus como nos ensinou, é necessário ter disposição, olhar com confiança para frente, assumir os desafios, enfrentar os próprios medos, aceitar situações novas, vencer as limitações, aprender e sentir a constante presença do Senhor conosco e nunca esquecer de recorrer a Ele em todos momentos, principalmente nos momentos difíceis da missão.

Aqueles que pretendem seguir Jesus devem ter disposição para caminhar, para progredir. Quando Ele nos chamar, nunca apresentará diante de nós um projeto que nos deixará no mesmo lugar e do mesmo jeito, sempre nos provocará. Não tenhamos medo do novo. Seguir Jesus inclui enfrentar temporais, passar por testes de fé, travar batalhas; enfim, ir além. Não podemos esquecer que Jesus deixou o Espírito Santo para nós e, iluminados e consolados por Ele, daremos conta de continuar a missão de anunciar a Boa-Nova do Reino, nos dias de hoje. Seguindo o Mestre, estaremos seguindo o maior vencedor de todos os tempos.

2. Bibliografia para aprofundamento

2.1. BÍBLIA MENSAGEM DE DEUS. Edições Loyola, 1989.
2.2. BÍBLIA SAGRADA. Edição Pastoral, Paulus, São Paulo, 1990.

2.3. BLANK, Renold. *A face mais íntima de Deus*. Paulus, São Paulo, 2011.
2.4. CATECISMO DA IGREJA CATÓLICA. Vozes, Petrópolis, 1990, n. 140,152.
2.5. PAGOLA, José A. *O caminho aberto por Jesus*. Vozes, Petrópolis, 2012.

3. Questões para aprofundamento

3.1. Muitos hoje estão se dispondo a seguir Jesus por diversos motivos, diversas intenções. Muitos de boa-fé, outros visando a ganhos, não tão louváveis, mas o que se nota é que nunca o nome de Jesus foi tão proclamado, tão anunciado. As pessoas determinam a maneira de se aproximar da fé ou de tudo o que se refere ao Reino de Deus. Mas como será que o Senhor Jesus quer ser seguido? Certamente, Ele não espera que o sigamos de qualquer maneira.

3.2. O que você tem para dizer sobre a realidade acima apresentada?

4. Musicas

4.1. *Podes reinar.* Pe. Zezinho, scj.
4.2. *Buscai primeiro o reino de Deus.* Pe. Zezinho, scj.
4.3. *Sem fronteiras é teu reino.* Irmã Míria T. Kolling.
4.4. Outras músicas, de acordo com a escolha do grupo.

5. Atividade pessoal ou grupal

A missão

Objetivo: Ajudar as pessoas a perceberem que podemos encontrar muitas situações diferentes na missão.

5.1. Reunir o grupo em círculo e dizer que todos vão sair em missão, vão para lugares diferentes e poderão encontrar, com certeza, pessoas diferentes.

5.2. Para essa missão, irão de dois em dois ou de duas em duas. Pedir para formarem duplas.

5.3. O orientador segurará os lugares aonde as duplas irão. Pedir para que um membro da dupla venha até o centro para pegar o destino para onde a dupla irá trabalhar.

5.4. Assim que todos tiverem pegado o lugar, poderão revelar para as outras duplas para onde irão. Sugestão de lugares: favelas, famílias rurais, condomínios em cidade grande, famílias de sem teto, família dos ribeirinhos do Rio Amazonas.

5.5. Orientar que cada dupla se reúna, converse um pouco sobre o lugar, sobre as pessoas, sobre o tipo de trabalho que realizará nessa missão. Em seguida, cada dupla escreverá sobre as coisas boas que pôde observar na missão e as dificuldades que encontrou também (vinte minutos para cada dupla).

5.6. Tendo passado os vinte minutos estabelecidos, chamar todos para o círculo, propor um cântico missionário e convidar todos a partilharem sobre a missão realizada.

5.7. Concluir a dinâmica dizendo que: "Para toda missão que vamos realizar, precisamos ter abertura para compreender que tudo poderá ir bem, que tudo poderá acontecer de forma razoável ou que tudo poderá ser muito difícil. O fundamental é nunca desanimarmos; pelo contrário, devemos renovar nossas forças em Jesus para continuar a missão que Ele nos designou.

II • REZANDO MINHA VOCAÇÃO

1. Orientações para a oração pessoal (rezar apenas um texto por dia)

1.1. Determinar o horário e o tempo de sua oração.
1.2. Pedir a graça que deseja para esse momento de oração.
1.3. Ler e reler o texto com muita calma.
1.4. "Saborear" com o coração o que o marcou.
1.5. Encerrar a oração, agradecendo ao Senhor este encontro.

2. Textos bíblicos para sua oração pessoal

2.1. Mt 13,44-52 – Jesus mostra como investir no Reino.
2.2. Jo 2,1-12 – Jesus investe na alegria do pobre.
2.3. Jo 3,1-21 – Jesus investe nos que buscam a verdade.
2.4. Mt 13,31-32 – O Reino de Deus é como o grão de mostarda.
2.5. Mt 45,31-46 – O juízo final.
2.6. No sábado, fazer a avaliação da oração pessoal durante a semana.
2.7. Domingo, participar na paróquia ou na comunidade.

3. Fazer a leitura orante dos textos bíblicos

3.1. O que diz o texto? O texto fala de quê?
3.2. O que o texto diz para mim hoje? Penso em que preciso mudar...
3.3. O que o texto me faz dizer a Deus? Rezo, louvo, agradeço.

8 | JESUS ENSINA COMO INVESTIR A SERVIÇO DO REINO

3.4. O que o texto me leva a fazer? Faço silêncio... Escuto o que Deus me pede.

3.5. Qual o desafio de pôr em prática o que Deus me pediu?

4. Anotar em seu caderno de oração, após cada texto bíblico, aquilo que mais tocou seu coração

5. Compromisso de vida

5.1. Conversar com seu pároco e com as lideranças da comunidade sobre a necessidade ou não de realizar as missões populares na paróquia, por leigos da própria paróquia ou por pessoas de outros lugares.

5.2. Procure verificar a possibilidade de assumir alguma missão popular, interagindo com os leigos, religiosos e religiosas, sacerdotes em sua diocese ou em outras dioceses.

5.3. Se você for convidado para realizar uma missão não perca essa grande oportunidade de compartilhar sua fé com tantos que precisam de seu testemunho.

5.4. Perceber se seu investimento é válido para sua vida atual. Qual seria seu investimento se você entregasse sua vida a serviço do Reino de Deus na vida religiosa?

OBS.: Procure partilhar, de forma transparente e simples, com o acompanhante os sentimentos, medos, dúvidas, receios, apegos, pois isso o ajudará em seu discernimento vocacional.

"O Reino do céu é também como um comprador que procura pérolas preciosas. Quando encontra uma pérola de grande valor, ele vai, vende todos os seus bens e compra essa pérola." (Mt 13,45-46)

9 MESTRE, ONDE MORAS?

I • REFLEXÃO

1. Texto

No primeiro capítulo do evangelho de João, nós nos deparamos com dois discípulos de João Batista que, encaminhados por ele, seguiram Jesus. Os discípulos, André e Filipe, seguiram timidamente o Cristo. Jesus percebeu que eles estavam seguindo-o, voltou para eles e perguntou: "O que estais procurando?" A partir desse momento se iniciou um diálogo, certamente profundo e questionador entre Jesus e os discípulos. Eles responderam: "Mestre, onde moras?" E Jesus, em seguida, respondeu: "Vinde e vede?" (cf. Jo 1,35-39).

Jesus os convidou a **"vir e ver"**. O **"vir"** significa dar o passo na fé. Eles acreditaram e foram. O **"ver"** é ter a visão da fé. Eles foram e permaneceram com Jesus. Que coisa impressionante, os dois discípulos foram atrás do Mestre, depois que seu mestre João Batista apontou Jesus como "Cordeiro de Deus". Mesmo tímidos ou inseguros seguiram de longe, mas tomaram a iniciativa, e Jesus, percebendo-os, convidou-os para estarem com Ele.

Esse encontro e permanência com Jesus os contagiaram de alegria e entusiasmo que saíram animados, dizendo aos outros: **"Encontramos o Messias!"** (cf. Jo 1,40-41). Ao olharmos para a vocação dos discípulos, percebemos que se deu dentro de um contexto, não nasceu do nada. Primeiro os discípulos de João estavam procurando o Messias. João apontou Jesus como Aquele a quem procuravam; eles foram atrás de Jesus, conversaram com Ele, e o Mestre os convidou para o seguirem e estarem com Ele. Essa passagem nos ajuda a perceber que nossa vocação não surge de forma tão diferente, pois sempre alguém ou alguma realidade nos aponta para seguir Jesus Cristo. Por isso a importância de saber escutar, meditar, responder e seguir, como fizeram os discípulos.

Com certeza, aqueles vocacionados buscavam conhecer aquele Homem do qual escutaram falar, mas não o conheciam. Que surpresa, foram e viram "algo" que os moveram a criar laços de intimidade. Puderam sentir a simplicidade e o acolhimento do Senhor e permaneceram com Ele naquele dia.

O discípulo é aquele que é capaz de reconhecer no Cristo, que passa, o Messias Salvador e Libertador; que está disponível para segui-lo no caminho do amor e da entrega; que é capaz de testemunhá-lo e de anunciá-lo aos demais irmãos; que é capaz de viver em comunhão com Ele.

O chamado para seguir Jesus Cristo é sempre discreto, por isso mesmo precisamos prestar muita atenção. Ele pode acontecer de diversas maneiras: escondido em algum acontecimento da vida, na palavra de um amigo ou através dos talentos pessoais doados por Deus. Isso exige muita atenção de quem busca, a exemplo dos discípulos.

A disponibilidade para a vocação se revela na **atenção** e **concentração**. Na vida superficial do barulho não se percebe o chamado. Vemos, assim, o quanto a vida de oração é importante para o discernimento vocacional. Sem oração, a vocação não tem vez. Para que haja discernimento, a fim de distinguir o chamado do Senhor, é necessário rezar para discernir, prestar atenção na voz das pessoas e dos acontecimentos da vida.

2. Bibliografia para aprofundamento do texto

2.1. BÍBLIA SAGRADA – *Método Lectio Divina*. Sociedades Bíblicas Unidas, 2005.
2.2. BÍBLIA SAGRADA. Edição Pastoral. Paulus, São Paulo, 1990.
2.3. BORTOLINI, José. *O evangelho de Marcos*. Paulus, São Paulo, 2006.
2.4. WILLIAM, Franz Miquel. *Vida de Jesus no país e no povo de Israel*. Petrópolis, Vozes, 1952.

3. Questões para o texto

3.1. Anselm Grün, em seu livro *Porta para a Vida,* diz que: "Não basta ouvir apenas o que os outros têm a dizer de Jesus. Ser discípulo significa viver sua própria experiência com Jesus. Nós mesmos precisamos ver. Não podemos deixar que os outros vejam por nós". O que você acha dessa reflexão?

4. Músicas

4.1. *Mestre, onde moras?* Gustavo Balbinot.
4.2. *Mestre amigo*. Pe. Joãozinho, scj.
4.3. Outras músicas, de acordo com a escolha do grupo.

5. Atividade pessoal ou grupal

Imitar Jesus ou continuar sua Missão?

Objetivos: Compreender que não podemos ser iguais a Jesus, mas podemos realizar bem a missão que Ele nos designou.

5.1. Pedir para que todos fiquem em círculo e solicitar um voluntário.
5.2. Orientar o voluntário dizendo que ele terá de fazer um percurso até chegar ao ponto estabelecido.
5.3. Pedir para que todos fiquem atrás do voluntário e tentem fazer exatamente, do mesmo jeito, os gestos, a forma de andar, até chegar ao ponto definido.
5.4. Assim que todos chegarem, pedir para que voltem para o lugar.
5.5. Em seguida, pedir para o voluntário fazer o mesmo percurso, do jeito que quiser, e todos ficarão atrás, porém não é mais para imitar o voluntário, cada pessoa vai procurar chegar ao destino estabelecido usando seus recursos, habilidades e criatividade.
5.6. Tendo cumprido a tarefa, pedir para que voltem para seus lugares.
5.7. Abrir a conversa sobre a dinâmica, sobre o que aconteceu, sobre o aprendizado que podemos obter.
5.8. Pensando em Jesus e no seguimento a Ele: nós devemos imitá-lo ou continuá-lo?

II • REZANDO MINHA VOCAÇÃO

1. Orientações para a oração pessoal (rezar apenas um texto por dia)

1.1. Escolher um lugar para sua oração.
1.2. Determinar o horário e o tempo de sua oração.
1.3. Pedir a graça que deseja para esse momento de oração.
1.4. Ler e reler o texto com muita calma.
1.5. "Saborear" com o coração o que o marcou.
1.6. Concluir a oração, agradecendo ao Senhor este encontro.

2. Textos bíblicos para sua oração pessoal

2.1. 1Sm 3,3-10.19 – Escutar é a primeira tarefa do porta-voz de Deus.
2.2. 1Cor 6,13-15.15-17 – Quem se torna escravo de uma criatura comete idolatria.
2.3. Rm1,1-3.5-7 – O chamado de Deus.
2.4. Jo 1,35-42 – Vocação dos primeiros discípulos.
2.4. Mt 4,18-22 – O chamado dos discípulos.
2.6. No sábado, fazer a avaliação da oração pessoal durante a semana.
2.7. Domingo, participar na paróquia ou na comunidade.

3. Fazer a leitura orante dos textos bíblicos

3.1. O que diz o texto? O texto fala de quê?
3.2. O que o texto diz para mim hoje? Penso em que preciso mudar...

9 | MESTRE, ONDE MORAS?

3.3. O que o texto me faz dizer a Deus? Rezo, louvo, agradeço.

3.4. O que o texto me leva a fazer? Faço silêncio... Escuto o que Deus me pede.

3.5. Qual o desafio de pôr em prática o que Deus me pediu?

4. Anotar em seu caderno de oração, após cada texto bíblico, aquilo que mais tocou seu coração

5. Compromisso de vida

5.1. Estar atento aos sinais de vocação, manifestados por Deus a mim nas diversas circunstâncias.

5.2. Fazer da oração o lugar privilegiado para o discernimento da vontade de Deus.

OBS.: Procure ser sincero, transparente e simples, partilhando tudo (sentimentos, medos, dúvidas, receios, apegos), pois isso o ajudará no discernimento vocacional.

"... Se Jesus, agora, perguntasse a vosso coração: 'Que procurais?', como poderíeis responder-lhe?" (Clélia Merloni)

10 JESUS PREPARA OS VOCACIONADOS PARA SEGUIREM-NO NA MISSÃO

I • REFLEXÃO

1. Texto

O processo de preparação dos discípulos, para a missão que Jesus lhes confiou, é longo. Ele dá aos discípulos uma formação com ensinamentos claros e concretos. É interessante que essa formação consiste em "estar com Ele", através da convivência fraterna e na amizade sincera. Na verdade, o convívio de Jesus com os discípulos se dá enquanto andam, enquanto se alegram, enquanto sofrem, enquanto estão na missão. É através dessa convivência que o chamado se aprofunda e acontece, também, a conversão à vontade de Deus. Os vocacionados, nesse convívio com Jesus, percebem que as atitudes de Jesus devolvem a dignidade ao homem e à mulher daquele tempo, revelando que temos um Deus que é Pai de todos e quer nossa felicidade.

À medida que os "vocacionados vão se abrindo aos ensinamentos de Jesus, convertem-se em portadores de vida a todas as pessoas. Eles se tornam solidários aos pobres e excluídos da sociedade da época: leprosos, cegos, surdos, famintos, doentes e prostitutas.

Aprendem com Jesus que não devem agir como os poderosos e reis das nações que, na maioria das vezes, pensam só em explorar o povo, impondo suas ordens, mas, pelo contrário, devem estar sempre a serviço das pessoas, principalmente dos mais necessitados. Nesse sentido vem para nós de forma muito clara a passagem do Evangelho em que Cristo disse: "Eu garanto a vocês: todas as vezes que fizeram isso (todo o tipo de bem) a um dos menores de meus irmãos, foi a mim mesmo que o fizeram" (Mt 25,40).

Os ensinamentos de Jesus não se baseiam nas práticas do domínio, da soberba, da arrogância ou da ambição pessoal; atitudes condenadas por Ele. No entanto, orienta os discípulos a serem humildes, simples e a contarem sempre com a Providência Divina. Ensina-os a serem agradecidos ao que derem para eles comerem, beberem, vestirem. Orienta-os a serem sensíveis aos mais fracos e doentes, dando-lhes a graça da esperança e da cura de suas enfermidades (cf. Mc 6,7-13).

Jesus soube formar seus discípulos, olhou para cada um deles, percebeu suas qualidades e seus limites. Sua palavra e sua prática moldaram os discípulos a acolherem e internalizarem os valores do Reino de Deus: o amor, a justiça e a paz. Os discípulos perceberam que esses valores de vida e salvação precisavam ser assimilados e vividos por todos os filhos e filhas de Deus e por isso mesmo não mediram esforços para anunciá-los com coragem e alegria.

Jesus, ao formar os discípulos e ao enviá-los em Missão, soprou sobre eles o Espírito Santo, que deu para eles a força para testemunharem a Boa-Nova de Jesus em Jerusalém, em toda a Judeia, Samaria e até os confins do mundo (At 1,8). Com Ele os discípulos tiveram coragem de anunciar o Reino de Deus e denunciar tudo o que gera a morte e sofrimento das pessoas.

Os discípulos foram formados por Jesus há dois mil anos, no entanto, Ele continua nos formando nos dias de hoje, pois Ele é nosso Mestre e Senhor e como Ele mesmo disse: "Estarei convosco todos os dias até o fim dos tempos" (Mt 28,20). Precisamos estar sempre de coração aberto para aprender com Jesus e, à medida que escutarmos sua palavra, devemos meditá-la e verificar quais as mudanças que precisam acontecer em nossas vidas para vivermos e anunciarmos a Boa-Nova do Reino de Deus aos irmãos e irmãs, tão sedentos da Palavra do Senhor.

Abaixo apresentamos alguns passos necessários a serem dados para assumirmos o discipulado de Jesus nos dias de hoje:

1.1. Acolhida aos mais necessitados.
1.2. Ternura e compaixão para com todos.
1.3. Partilha solidária dos bens materiais, culturais e espirituais.
1.4. Desprendimento de tudo aquilo que impede o crescimento para Deus.
1.5. Ter a certeza de que Jesus está sempre com você.
1.6. Ao ir para a missão ir com alegria, fé e esperança sempre.

2. Bibliografia para aprofundamento do texto

2.1. BÍBLIA MENSAGEM DE DEUS. Loyola, São Paulo, 1989.
2.3. BÍBLIA SAGRADA. Edição Pastoral, Paulus, São Paulo, 1990.
2.4. BORTOLINI, José. *O evangelho de Marcos*. Paulus, São Paulo, 2006.
2.5. BLANK, Renold. *A face mais íntima de Deus*. Paulus, São Paulo, 2011.
2.6. PAGOLA, José A. *O caminho aberto por Jesus*. Gráfica de Coimbra, Coimbra, 2010.

3. Questões para aprofundamento

3.1. Jesus orienta os discípulos a levarem só o essencial para a missão: a roupa do corpo. Qual a mensagem desse ensinamento aos discípulos?
3.2. Quais sãos as coisas às quais mais me sinto apegado nos dias de hoje?
3.3. Teria coragem, nos dias de hoje, de sair só com a roupa do corpo para evangelizar?
3.4. O que falta, ainda, para você ser um bom discípulo de Jesus?

4. Músicas

4.1. *Vem, eu mostrarei* – Valdeci Farias.
4.2. *Toquem as trombetas, é o Senhor quem chega.* João Sena.
4.3. *Baladas por um Reino.* Pe. Zezinho, scj.
4.4. Outras músicas, de acordo com a escolha do grupo

5. Atividade grupal ou pessoal

A dança da laranja

Objetivos: Organizar-se para realizar bem a missão.

5.1. Orientar para formarem duplas.
5.2. Entregar para cada dupla uma laranja.
5.3. Dizer-lhes que a laranja ficará presa entre as testas deles e, quando começar a música, devem colocar as mãos para trás.
5.4. O facilitador colocará uma música (preferencialmente, agitada, ritmada) e pedirá para todos dançarem ao ritmo da música.

5.5. Antes de colocar a música, pedir para que conversem um pouco sobre como poderão realizar essa atividade (cinco minutos).
5.6. Não esquecer de dizer que: "A dupla que deixar cair a laranja tem de esperar os outros derrubarem também".
5.7. Convidar todos para sentarem e partilhar: o que faltou para a dupla continuar com a laranja por mais tempo?
6.1. Perguntar para todos: o que cada um precisará fazer para preparar-se bem para realizar uma missão?

II • REZANDO MINHA VOCAÇÃO

1. Orientações para a oração pessoal (rezar apenas um texto por dia)

1.1. Escolher um lugar para sua oração.
1.2. Determinar o horário e o tempo de sua oração.
1.3. Pedir a graça que deseja para esse momento de oração.
1.4. Ler e reler o texto com muita calma.
1.5. "Saborear" com o coração o que o marcou.
1.6. Concluir a oração, agradecendo ao Senhor este encontro.

2. Textos bíblicos para sua oração pessoal

2.1. Jo 4,35-38 – Jesus manda os discípulos observarem a realidade.
2.2. Mc 9,1-2 – Jesus envolve os discípulos na missão.
2.3. Jo 6,67-71 – Jesus pede aos discípulos que renovem sua opção.
2.4. Mt 5,13-16 – Jesus declara seus seguidores sal da terra e luz do mundo.
2.5. Mt 5,1-3 – Jesus pede aos discípulos obras de solidariedade com os pobres e indefesos.
2.6. No sábado, fazer a avaliação da oração pessoal durante a semana.
2.7. Domingo, participar na paróquia ou na comunidade.

3. Fazer a leitura orante dos textos bíblicos

3.1. O que diz o texto? O texto fala de quê?
3.2. O que o texto diz para mim hoje? Penso o que preciso mudar...

3.3. O que o texto me faz dizer a Deus? Rezo, louvo, agradeço.
3.4. O que o texto me leva a fazer? Faço silêncio... Escuto o que Deus me pede.
3.5. Qual o desafio de pôr em prática o que Deus me pediu?

4. Anotar em seu caderno de oração, após cada texto bíblico, aquilo que mais tocou seu coração

5. Compromisso de vida

5.1. Observar sua realidade pessoal, de sua família, de seus amigos, e verificar se tem alguma semelhança com a realidade presente nos textos rezados por você.
5.2. Compartilhe com um amigo ou amiga tudo o que você já pôde aprender com Jesus.

OBS.: Procure ser sincero, transparente e simples, partilhando tudo (sentimentos, medos, dúvidas, receios, apegos), pois isso o ajudará no discernimento vocacional.

"Quem não é capaz de vibrar por um ideal puramente humano dificilmente o será pelo ideal de Cristo; não serve para o mundo, também não serve para o Reino." (Santo Inácio de Loyola)

11. SENHOR, O QUE QUERES DE MIM? UM OLHAR SOBRE AS VOCAÇÕES ESPECÍFICAS

I • REFLEXÃO

1. Texto

A Igreja em sua imensa riqueza possui uma diversidade de carismas que se multiplicam através das diversas vocações. Jesus nos chama para a missão e cada um de nós respondemos a seu chamado, assumindo uma vocação na Igreja. Cada pessoa de acordo com seus carismas e necessidades da comunidade responde ao chamado de Jesus assumindo uma vocação específica.

Jesus é fonte de todas as vocações. Ele convida, por sua iniciativa, cada um de nós em nossa própria realidade – Vinde comigo para uma causa. Acolhemos o convite dele vivendo na doação ao serviço de Deus na Igreja particular, em uma diocese.

O Vaticano II apresenta a Igreja como "Povo de Deus", a assembleia dos chamados e dos convocados. A Igreja apresenta dois tipos de vocações a saber: a fundamental e a específica.

A vocação fundamental: É o chamado da pessoa à vida, para ser filha ou filho de Deus, como cristão na comunidade.

A vocação específica: é a maneira própria de cada cristão entregar sua vida ao serviço do povo de Deus na Igreja. As vocações específicas têm a origem na vocação fundamental, pois todas têm uma preocupação central que é fazer a vontade de Deus, defendendo e valorizando a vida que o Senhor nos concedeu.

São três as vocações específicas: a laical, a religiosa e a sacerdotal. Vejamos abaixo um pouco de cada uma delas:

1.1. Vocação laical

Os fiéis leigos pertencem àquele Povo de Deus que é representado na imagem dos trabalhadores da vinha, homens e mulheres, que Deus chama e envia para trabalhar nela (cf. Mt 20,1-16). A vinha é o mundo inteiro. Todos são chamados para trabalhar nessa vinha, ninguém deve ficar de fora. O mundo está aí e estamos nele, sendo assim, como cristãos, somos convidados a viver nossa fé cristã nesse local. Devemos assumir o compromisso de anunciar e testemunhar os valores cristãos onde estamos, para que todos tenham a oportunidade de conhecer a Boa-Nova do Reino proposta por Jesus, que é de vida e libertação. Quanto mais pessoas aderirem ao projeto de construção do Reino de Deus, mais chances teremos para construir um mundo mais justo e fraterno.

É no mundo que encontramos nosso campo específico de ação. Pelo testemunho de nossa vida e nossa atuação concreta, temos a responsabilidade de ordenar as realidades temporais para colocá-las a serviço da construção do Reino de Deus. O Documento de Puebla nos lembra que o leigo, membro do povo de Deus, é chamado a ser fermento de santidade, testemunhando as riquezas de seu batismo, na realidade em que está inserido (cf. Puebla, n. 786).

Viver da vocação laical, em sua profundidade, é ocupar um lugar central na Igreja, pois nossa presença no mundo possibilita levar, de forma mais direta, os valores do Reino até as pessoas, contribuindo, assim, para a edificação de uma sociedade alicerçada no amor, na justiça e na paz, como Jesus nos ensinou.

A Igreja precisa se abrir para o mundo, por isso precisa de leigos. O leigo tem carisma e função para libertar a secularidade do mundo, mediante o anúncio de Jesus Cristo, utilizando das ferramentas necessárias para a transformação do universo, ou seja, fazer com que as pessoas deixem de praticar o mal e comecem a praticar o bem em favor de todos.

1.2. Matrimônio

O livro do Gênesis, logo no início, mostra-nos que "... um homem deixa seu pai e sua mãe e se une a sua mulher, e eles dois se tornam uma só carne" (Gn 2,24). A realidade nos mostra que a grande maioria do povo de Deus é chamada para viver essa vocação matrimonial, em que uma pessoa diante da outra, perante a comunidade e abençoada por Deus, dirá que receberá seu cônjuge prometendo amor e fidelidade por toda a vida. Os filhos que tiverem serão frutos do amor entre o casal.

A palavra de Deus nos orienta que assim como Cristo foi fiel a nós, povo de Deus, Igreja, doando sua própria vida para nos salvar, o esposo deve amar sua esposa, doando-se a ela, procurando fazê-la feliz; do mesmo modo, deve agir a esposa para com o esposo. Deus fez uma aliança de amor e fidelidade a nós; cabe a nós, filhos e filhas desse Deus que tanto nos ama, amá-lo de todo o coração. Entre os esposos, também, deve ser assim, viver no amor e na fidelidade todos os dias de suas vidas. O catecismo da Igreja Católica nos diz que:

> O amor conjugal comporta uma totalidade na qual entram todos os componentes da pessoa – apelo do corpo e do instinto, força do sentimento e da afetividade, aspiração do espírito e da vontade. O amor conjugal dirige-se a uma unidade profundamente pessoal, aquela que, para além da união numa só carne, não conduz senão a um só coração e a uma só alma; ele exige a indissolubilidade e a fidelidade da doação recíproca definitiva e abre-se à fecundidade. Numa palavra, trata-se das características normais de todo amor conjugal natural, mas com um significado novo que não só as purifica e as consolida, mas eleva-as, a ponto de torná-las a expressão dos valores propriamente cristãos (Catecismo da Igreja Católica, n. 1643).

Ao criar o homem e a mulher a sua imagem e semelhança, Deus concedeu a eles o dom de constituírem uma unidade a ponto de se tornarem uma só carne, ou seja, realizarem-se como pessoas na dinâmica da doação recíproca. É dentro das paredes domésticas que se decidem o destino do homem e o futuro do mundo. Nessa convivência amorosa e de doação, cada cônjuge torna-se, também, responsável pela santificação um do outro. E juntos trabalham para a edificação e santificação de toda a família.

1.3. Vida religiosa

A motivação fundamental para quem abraça a vocação, a vida religiosa, é o seguimento de Jesus, procurando identificar-se com Ele, assumindo seus sentimentos, seus ensinamentos no cotidiano. O consagrado e a consagrada ao assumirem a vida religiosa integram-se a uma comunidade, pessoas com o mesmo ideal, vivendo em comunhão e participação do projeto de Jesus em favor dos mais pobres e necessitados.

Para os que assumem a vocação, a vida religiosa, o Direito Canônico orienta que: "A vida consagrada pela profissão dos conselhos evangélicos é uma forma estável, pela qual os fiéis, seguindo mais de perto a Cristo sob a ação do Espírito Santo, consagram-se totalmente a Deus sumamente amado, para assim, dedicados por título novo e especial a sua honra, à construção da Igreja e à salvação do mundo, alcançarem a perfeição da castidade no serviço do Reino de Deus e, transformados em sinal notável na Igreja, preanunciarem a glória celeste. Assumem livremente essa forma de vida nos Institutos de vida consagrada, canonicamente erigidos pela competente autoridade da Igreja, os fiéis que, por meio dos votos ou de outros vínculos sagrados, conforme as leis próprias dos institutos, professam os conselhos evangélicos de castidade, pobreza e obediência e, pela caridade à qual esses conduzem, unem-se de modo especial à Igreja e a seu mistério" (Direito Canônico, n. 573).

A entrega ao Senhor é a afirmação profética do valor supremo da comunhão com Deus e entre os irmãos que encontram seu sinal nos votos que professam. São eles:

Voto de pobreza: Ao assumir esse voto o religioso vê em Deus seu único apoio, sua grande riqueza. Sente-se mais livre diante dos bens, ao desapegar-se; sente-se mais livre para a missão e tem maior disposição para compartilhar a vida dos pobres. Tem consciência de que os bens devem estar em função da missão do bem comum (cf. Puebla, n. 747).

Voto de obediência: Com esse voto o religioso toma consciência de que deve conformar sua vida à vontade de Deus, obedecendo-lhe sempre. O querer de Deus torna-se seu querer. Isso supõe disponibilidade e abertura para trabalhar com as pessoas, unindo-se a elas na realização de projetos que visam ao bem do povo de Deus. Renuncia a projetos pessoais em vista de um bem maior. A base da vida em comunidade é o amor, o diálogo, a fé, a missão, reconhecendo que o Senhor chega através das mediações dos superiores das comunidades, da Igreja com suas necessidades, com as da Congregação que tem seu carisma e missão no mundo e a comunidade a que pertence (cf. Puebla, n. 748).

Voto de castidade: Ao assumir esse voto o consagrado busca colocar no centro de sua vida Deus e sua vontade. Propõe-se a relacionar com todas as pessoas, não fazendo acepção de ninguém, vendo em todos a presença de Jesus, não estabelecendo uma relação de dependência com ninguém, e trabalha para que ninguém fique dependente dele. Esse voto supõe maturidade psicológica e afetiva e poderá buscar ajuda de pessoas e meios que ajudem nesse processo de crescimento humano, emocional e espiritual. O religioso é uma pessoa livre para a missão, por causa do amor ao Senhor, aos homens e mulheres do mundo (cf. Puebla, n. 749).

1.4. Vida sacerdotal

A vocação para o sacerdócio – como nos lembra São João Paulo II, em seu livro por ocasião dos 50 anos de sua ordenação sacerdotal – é um dom e mistério! Ninguém pode exigir o direito de ser padre. O sacerdócio é um dom extraordinário do amor de Deus, dado por Ele à Igreja.

O sacerdote é um escolhido entre os homens e nomeado para servir a Deus em favor do povo. É aquele que foi consagrado por Deus para ser "pai do povo", para servir as pessoas. Sua missão está nas palavras do profeta Isaías que Jesus aplica a si mesmo: "O Espírito do Senhor está sobre mim, porque me consagrou pela unção e enviou-me a levar o evangelho aos humildes, curar os corações doloridos, anunciar aos cativos a redenção, aos cegos a restauração da vista, aos prisioneiros a liberdade, para publicar o ano da graça do Senhor" (Lc 4,18-19).

O sacerdote anuncia o evangelho, celebra a Eucaristia e os dons de Deus, seguindo os passos de Jesus Cristo como caminho, verdade, vida, luz, sal, fermento, anima a vida da comunidade, incentivando todos a viverem a fé, buscando estar sempre com Deus nas orações e celebrações da comunidade e assumindo os serviços e ministérios na Igreja, para o bem de todos os irmãos e irmãs. Enfim, o sacerdote deve ser a figura permanente de Cristo junto a todos os fiéis, para que se sintam fortalecidos para cumprir bem a missão a eles confiada.

2. Bibliografia para aprofundamento do texto

2.1. BÍBLIA SAGRADA – *Método lectio divina*. Sociedades Bíblicas Unidas, 2005.
2.2. BÍBLIA SAGRADA. Edição Pastoral, Paulus, São Paulo, 1990.
2.3. CATECISMO DA IGREJA CATÓLICA. Vozes, Petrópolis, 1993, n. 738.

2.4. CRISTIFIDELES LAICI. *Exortação apostólica de João Paulo II*. Paulinas, São Paulo, 1990, n. 56.

2.5. DOCUMENTO DE APARECIDA. Paulus, São Paulo, 2007, n. 144, 518b, 534.

2.6. DOCUMENTO DE PUEBLA. Paulinas, São Paulo, 1987.

2.7. CÓDIGO DE DIREITO CANÔNICO. Loyola, São Paulo, 1998, n. 573-746.

3. Questões para aprofundamento

3.1. Vocação quer dizer chamamento, o apelo que Deus faz a cada pessoa para cumprir uma função, serviço ou missão no mundo. A iniciativa vocacional é sempre de Deus, mas Ele pode se servir das mediações: acontecimentos, outras pessoas. Com a consciência de vocacionados, procure responder a pergunta que os Bispos do CELAM (Conferência Episcopal Latino-Americana e Caribenha) fizeram em Aparecida em 2007: Como você vocacionado vive a dimensão de ser discípulo missionário?

4. Músicas

4.1. *O nosso Deus com amor sem medida.* Frei Fabreti.
4.2. *O espírito do Senhor.* Pe. José Weber.
4.3. *Reveste-me, Senhor.* Romão José Ferreira.
4.4. *Repousa sobre mim.* José Acácio Santana.
4.5. *Oração pela família.* Pe. Zezinho, scj.
4.6. *Jesus Cristo me deixou inquieto.* Pe. Zezinho, scj.
4.7. Outras músicas, de acordo com a escolha do grupo.

5. Atividade pessoal ou grupal

Vocação e vida

Objetivo: Ajudar a perceber que se quisermos viver bem nossa vocação precisamos investir nela.

5.1. Formar um círculo.
5.2. Fazer três grupos aleatórios (pode-se fazer a contagem, um, dois, três e todos os de número um se reúnem, os de número dois e os de número três, também).
5.3. Escolher um membro do grupo para pegar uma folha com o animador.
5.4. Em cada folha estará escrita uma vocação: A vocação matrimonial, a vocação sacerdotal e a vocação religiosa.
5.5. O grupo se responsabilizará pela vocação que estiver marcada na folha que pegou.
5.6. Cada grupo deverá pensar que já vive esta vocação há dez anos. Incentivar o grupo a escrever todas as coisas boas que aconteceram ao longo desses dez anos, vivendo essa vocação.
5.7. Dar um tempo de cinco a dez minutos no máximo para cada grupo.
5.8. Em seguida, cada grupo deverá escrever as dificuldades encontradas para viver essa vocação. Dar o mesmo tempo, também: dez minutos
5.9. Formar o grande círculo para partilharem o que escreveram.
5.10. O animador poderá explorar o resultado apresentado pelos grupos para aprofundar o tema.

II • REZANDO MINHA VOCAÇÃO

1. Orientações para a oração pessoal

1.1. Escolher um lugar para sua oração.
1.2. Determinar o horário e o tempo de sua oração.
1.3. Pedir a graça que deseja para esse momento de oração.
1.4. Ler e reler o texto com muita calma.
1.5. "Saborear" com o coração o que o marcou.
1.6. Encerrar a oração, agradecendo ao Senhor este encontro.

2. Textos bíblicos para sua oração pessoal (rezar apenas um texto por dia)

2.1. At 9,1-25 – Eu vos escolhi para serem instrumentos de minha Palavra.
2.2. Mc 5,1-20 – Jesus pede que fiquemos como testemunha no povoado.
2.3. Mt 5,13-16 – O cristão é como a luz e o sal que dão sabor aos que perderam o gosto de Deus.
2.4. Hb 5,1-4 – Cristo, sumo sacerdote.
2.5. Lc 4,18-19 – Jesus, o enviado do Pai.
2.6. Mc 10,9-12; Deus criou o homem e a mulher; Ef 5,31-32 – O próprio Deus é o Autor do matrimônio.
2.7. Mal 2,13-17 – O sentido do matrimônio, da fidelidade e da ternura dos esposos.

3. Anotar em seu caderno de oração, após cada texto bíblico, aquilo que mais tocou seu coração

4. Compromisso de vida

4.1. Estar atento aos sinais de vocação manifestados por Deus a mim nas diversas circunstâncias.

4.2. Fazer da oração o lugar privilegiado para o discernimento da vontade de Deus.

OBS.: Procure ser sincero, transparente e simples, partilhando tudo (sentimentos, medos, dúvidas, receios, apegos), pois isso o ajudará no discernimento vocacional.

"Deus sempre espera por nós, mesmo quando nos afastamos! Ele nunca está longe e, se voltarmos para Ele, está pronto a abraçar-nos." (Papa Francisco)

12 A VIDA FRATERNA

I • REFLEXÃO

1. Texto

A vida fraterna tem suas raízes na Trindade. Nosso Deus é um Deus comunhão, é Pai, Filho e Espírito Santo; um está no outro. A unidade entre as três pessoas da Santíssima Trindade é infinita e por isso mesmo é um só Deus. É no Deus Trindade que o religioso se inspira para viver e acolher todos os membros da comunidade, não fazendo acepção de ninguém. A fraternidade é um dom: Deus nos chama para vivê-la no dia a dia de nossa vida.

Cristo, o Filho amado do Pai, ao encarnar-se no meio de nós, transmitiu para todos, através de suas palavras e atitudes, um amor incondicional às pessoas, principalmente aos mais pequeninos. Ele exerceu plenamente a fraternidade para conosco ao dar sua própria vida para nos salvar. Jesus ensinou os discípulos a amar a Deus de todo o coração e ao próximo como a si mesmo, ou seja, ensinou que devemos estar sempre unidos a Deus e ao próximo.

A fraternidade se constrói com a colaboração pessoal de cada irmão. A fraternidade exige sair de si mesmo. É possível perceber que a vida fraterna desafia cada um de nós a buscar o diálogo sincero e profundo com o outro, ajudando a assumir os conflitos para poder superá-los.

A vida fraterna é um sinal por excelência deixado por Jesus. Ele nos convida a vivermos unidos, no amor, na fraternidade.

Na vida religiosa, podemos dizer que a fecundidade dela depende da qualidade da vida fraterna. E a qualidade da vida fraterna influi na perseverança de cada religioso e religiosa. Ela é o apoio e o sustento para que eles assumam o seguimento de Cristo, mesmo em meio às dificuldades.

São Paulo na primeira carta aos Coríntios nos fala da importância da vida fraterna, da unidade que temos de ter com Cristo e entre todos os irmãos. Ele usa a alegoria do corpo falando que em um só Espírito fomos batizados, para formar um só corpo, judeus ou gregos, escravos ou livres; e todos fomos impregnados do mesmo Espírito. Assim, o corpo não consiste em um só membro, mas em muitos. Vós sois o corpo de Cristo e cada um, de sua parte, é um de seus membros (cf. 1Cor 12,13-14.27).

Ser fraterno significa ser irmão, partilhar a própria vida, o que somos e temos. Portanto, vida fraterna não se reduz a partilha de bens exteriores; mas a partilhar a própria vida.

2. Bibliografia para aprofundamento do texto

2.1. BÍBLIA SAGRADA – *Método lectio divina*. Sociedades Bíblicas Unidas, 2005.
2.2. BÍBLIA SAGRADA. Edição Pastoral, Paulus, São Paulo, 1990.

3. Questões para aprofundamento do texto

3.1. Assim nos diz a Palavra de Deus: "Exorto-vos, pois – prisioneiro que sou pela causa do Senhor –, que leveis uma vida digna da vocação à qual fostes chamados, com toda humildade e amabilidade, com toda grandeza de alma, suportando-vos mutuamente na caridade" (Ef 4,1-2). Você acredita que o amor fraterno pode revolucionar o mundo, ainda tão marcado pelo ódio, pela ganância, pelo egoísmo, pela vingança e pela violência?

4. Músicas

4.1. *Eu sou feliz é na comunidade*. Tarcísio Gonçalves.
4.2. *Alegres vamos à casa do Pai*. Irmã Míria T. Kolling.
4.3. *Eu vim para que todos tenham vida*. Pe. José Weber.
4.4. *Prova de amor maior não há*. Pe. José Weber e D. Carlos Navarro.
4.5. Outras músicas, de acordo com a escolha do grupo.

5. Atividade pessoal ou grupal

Quebrando varas

Objetivo: Compreender que a união nos fortalece e nos ajuda a vencer as dificuldades da vida.

5.1. Formar um círculo.
5.2. Colocar em cima de uma pequena mesa ou cadeira vinte varinhas de churrasco.
5.3. Pedir um voluntário para pegar uma varinha e quebrá-la sem medo.

5.4. Pedir para outro voluntário pegar duas varinhas e quebrá-las, também.
5.5. Pedir para outro voluntário pegar seis varinhas e quebrá-las de uma só vez.
5.6. Pedir para que o primeiro voluntário pegue todas a varinhas que sobraram e tente quebrá-las de uma só vez. Não conseguindo quebrar, pedir para o segundo voluntário ajudar.
5.6. Abrir conversa para que todos possam falar da atividade.
5.7. Conversar sobre a relação entre a dinâmica e o tema: Vida Fraterna.

II • REZANDO MINHA VOCAÇÃO

1. Orientações para a oração pessoal (rezar apenas um texto por dia)

1.1. Escolher um lugar para sua oração.
1.2. Determinar o horário e o tempo de sua oração.
1.3. Pedir a graça que deseja para esse momento de oração.
1.4. Ler e reler o texto com muita calma.
1.5. "Saborear" com o coração o que o marcou.
1.6. Encerrar a oração, agradecendo ao Senhor este encontro.

2. Textos bíblicos para sua oração pessoal

2.2. Jo 13,34-35 – Amai-vos uns aos outros.
2.2. Mt 28,16-19 – Os onze foram para a Galileia.
2.3. Jo 17,20-23 – Jesus reza pela unidade.
2.4. Cl 3,14-17 - Chamados para formar um só corpo.
2.5. At 2,42-47 – Os cristãos tinham tudo em comum.
2.6. Sábado, fazer a avaliação da oração pessoal durante a semana.
2.7. Domingo, participar na paróquia ou na comunidade.

3. Fazer a leitura orante dos textos bíblicos

3.1. O que diz o texto? O texto fala de quê?
3.2. O que o texto diz para mim hoje? Penso em que preciso mudar...
3.3. O que o texto me faz dizer a Deus? Rezo, louvo, agradeço.

3.4. O que o texto me leva a fazer? Faço silêncio... Escuto o que Deus me pede.

3.5. Qual o desafio de pôr em prática o que Deus me pediu?

4. Anotar em seu caderno de oração, após cada texto bíblico, aquilo que mais tocou seu coração

5. Compromisso de vida

5.1. Procure praticar a vida fraterna, começando por sua família, com os membros da comunidade, com as pessoas em seu trabalho e com os colegas de estudo.

OBS.: Procure ser sincero, transparente e simples, partilhando tudo (sentimentos, medos, dúvidas, receios, apegos), pois isso o ajudará no discernimento vocacional.

Do dom da comunhão nasce a tarefa da construção da fraternidade, isto é, do tornar-se irmãos e irmãs numa determinada comunidade, onde se é chamado a viver juntos. Da aceitação admirada e agradecida da realidade da comunhão divina, que é comunicada a pobres criaturas, provém a convicção do esforço necessário para fazê-la sempre mais visível através da construção de comunidades plenas de alegria e do Espírito Santo. (Cf. At 13,52)

13 VIDA COMUNITÁRIA

I • REFLEXÃO

1. Texto

Nascemos no seio de uma família, que é a primeira comunidade de amor. É ali que desenvolvemos nossos dons e nossas capacidades inatas. Só conseguimos tomar consciência do mundo e dos outros através do amor e da partilha que damos na vida em comunidade. Comunhão é uma palavra que precisa ser mais bem compreendida pelos fiéis de nossa Igreja. Ao contrário do que se pensa e se diz, a comunhão bíblica vai muito além de sentarmo-nos no banco e participar da Ceia do Senhor com um ou mais irmãos sobre os quais, além do nome, sabemos muito pouco. Não sabemos de suas lutas e dificuldades, não participamos realmente de sua vida.

Não basta estarmos juntos ou um ao lado do outro na mesma casa. É preciso que haja objetivos comuns, metas bem definidas, prioridades básicas que favoreçam a superação do individualismo. Faz-se necessário vivenciar as relações interpessoais. Por outro lado, é na comunidade que acontecem também as inevitáveis tensões e conflitos. A comunidade é o lugar do crescimento, mas também é o lugar dos desafios constantes.

Acontece que nem sempre estamos maduros e preparados para compartilhar e viver em harmonia e doação evangélica. A irradiação do amor supõe a superação do egoísmo. O encanto da vivência comunitária supõe uma grande capacidade de amar. Saber viver em comunidade é uma missão que aprendemos a cada dia. Precisamos superar limites e ir além dos nossos interesses pessoais, olhar mais para o "nós" e menos para o "eu". Precisamos conhecer e deixarmo-nos conhecer para que exista a verdadeira comunhão.

O Antigo Testamento nos mostra que a busca do povo de Deus para viver em comunidade foi constante. Houve uma constante busca para se chegar a uma vivência pacífica e fraterna. A escritura não esconde os conflitos existentes nas relações comunitárias e mesmo familiares, aliás, ela descreve tudo, às vezes, até nos pormenores.

Já no Novo Testamento, verificamos que a busca do povo para viver a fraternidade era uma constante realidade na comunidade. Jesus, através de duas palavras e ações, muitas vezes, chamou a atenção dos discípulos e do povo de sua época para viverem comunitariamente. Ele deu tanta importância para a vida fraterna e vida em comunidade que falou: "Meu mandamento é este: amem-se uns aos outros, assim como eu amei vocês" (Jo 15,12).

A mensagem do Evangelho é profundamente fraternal e orienta os cristãos a viverem vida em comunidade. Jesus escolhe os doze discípulos para formar uma comunidade. A base da religião cristã é o amor a Deus e aos irmãos, um amor sem limite, um amor que "dá a vida por seus amigos" (Jo 15,13). Como disse Jesus para os discípulos. A Igreja fundada por Jesus e confirmada em Pentecostes é precisamente a comunidade daquelas pessoas que professam a mesma fé e participam do mesmo Pão da Vida.

A vida comunitária se baseia na comunidade dos doze e nas primeiras comunidades cristãs. É a experiência de um jeito novo de ser irmão, não por motivo de sangue, mas pela ligação profunda em Cristo, em vista da missão.

Abaixo apresentamos três aspectos fundamentais para a vida comunitária, que para nós são verdadeiras referências:

1. **Referencial Teológico:** Nosso Deus é um Deus comunhão. É trinitário, é Santíssima Trindade; vivem em comunhão, partilham entre si, reconhecem-se e se doam eternamente no amor.
2. **Referencial Antropológico:** O homem e a mulher, filhos amados de Deus, são chamados a viver um ao lado do outro, em um relacionamento aberto, interativo, respeitoso, solidário e fraterno.
3. **Referencial Eclesial:** Na Igreja-comunhão se dá a partilha dos carismas (dom, graça divina) que cada pessoa recebeu de Deus. Como diz aquela bela canção: "De mãos estendidas, ofertamos o que de graça recebemos" (Ir. Salete e Pe. Silvio Milanez).

Na vida comunitária, precisamos estar atentos para convivermos bem com as diferenças, sabendo que podem enriquecer o grupo; devemos, também, partilhar a vida, os ideais e, sobretudo, os bens espirituais. Ela é o lugar ideal, em que se revelam as fraquezas e os sucessos e nela juntos podemos crescer, pois o próprio Cristo disse que está no meio de nós, e quem está com Cristo está com tudo (cf. Mt 18,20).

O Papa Francisco nos lembra de que os religiosos são nascidos não da vontade da carne e do sangue, não de simpatias pessoais ou de motivos humanos, mas de Deus (Jo 1,13). De uma vocação divina e de uma divina atração, as comunidades religiosas são um sinal vivo da primazia do Amor de Deus que opera suas maravilhas e do amor a Deus e aos irmãos, como foi manifestado e praticado por Jesus Cristo.

2. Bibliografia para aprofundamento do texto

2.1. A VIDA FRATERNA EM COMUNIDADE. Loyola, São Paulo, 1994, n. 21.
2.2. BÍBLIA MENSAGEM DE DEUS. Loyola, São Paulo, 1989.
2.4. BÍBLIA SAGRADA. Edição Pastoral, Paulus, São Paulo, 1990.
2.5. BÍBLIA MENSAGEM DE DEUS. Santuário, Aparecida, 2002.
2.6. DOCUMENTO DE APARECIDA. Paulus, São Paulo, 2007, n. 187.
2.7. FASSINI, Frei Dorvalino, F. *Vida consagrada e formação*. Editora Evangraf, Porto Alegre, 2002, p. 148.

3. Questões para aprofundamento

3.1. Viver em comunidade é um grande desafio. É nela que cada pessoa procura vivenciar e partilhar: a vida de oração, os afetos e a amizade, os sofrimentos e as alegrias, os bens espirituais e materiais, a corresponsabilidade na realização dos projetos da vida e da missão.
3.2. Como você vive em sua comunidade?
3.3. Quais os desafios emergentes da vida em comunidade?

4. Músicas

4.1. *É bom estarmos juntos.* Irmã Míria Kolling.
4.2. *Entra na roda com a gente.* Ernesto B. Cardoso.
4.3. *Tudo vale a pena.* Fernando Pessoa e Frei Luiz Turra.

4.4. *Estaremos aqui reunidos.* Irmã Míria Kolling e Pe. Lúcio Floro.
4.5. Outras músicas, de acordo com a escolha do grupo.

5. Atividade pessoal ou grupal

É difícil, mas não impossível!

Objetivos: Buscar o trabalho em equipe, o que requer jeito, paciência e respeito para com o companheiro. Ajudar a despertar o espírito de solidariedade.

5.1. Dividir o grupo em dois subgrupos, se tiver mais de 12 pessoas.
5.2. As pessoas de cada subgrupo devem sentar-se nas cadeiras, uma ao lado da outra.
5.3. Entregar uma laranja para cada subgrupo e orientar que passem uma laranja para a pessoa do lado e ao passar deve dizer uma frase bem bonita para ela, como por exemplo: "Eu lhe dou esta laranja, porque você é muito inteligente". A pessoa seguinte faz a mesma coisa, mas não pode repetir a mesma frase.
5.4. Depois que todos passarem por essa primeira experiência, perguntar se acharam fácil ou difícil a tarefa.
5.5. Após uma rápida partilha, encaminhar uma nova tarefa para cada subgrupo.
5.6. Em silêncio, cada pessoa passará para a pessoa do lado a laranja com os pés, sem deixar cair.
5.7. Se a laranja cair, será necessário começar tudo de novo até conseguir cumprir a tarefa.
5.8. Depois que terminarem a tarefa, conversar com o grupo sobre o que eles acharam dessa tarefa.
5.9. Perguntar para todos: O que esta dinâmica tem a ver com a vida comunitária?

II • REZANDO MINHA VOCAÇÃO

1. Orientações para a oração pessoal (rezar apenas um texto por dia)

1.1. Escolher um lugar para sua oração.
1.2. Determinar o horário e o tempo de sua oração.
1.2. Pedir a graça que deseja para esse momento de oração.
1.3. Ler e reler o texto com muita calma.
1.4. "Saborear" com o coração o que o marcou.
1.5. Concluir a oração, agradecendo ao Senhor este encontro.

2. Textos iluminativos para sua oração pessoal

2.1. At 1,13-14 – A vida dos discípulos no cenáculo.
2.2. At 4,32-35 – A unidade dos primeiros cristãos.
2.3. 1Cor 12,7-12 – A diversidade de carismas.
2.4. At 2,42-47 – A vida dos primeiros fiéis.
2.5. At 4,32-35 – Caridade fraterna dos fiéis.
2.6. Sábado, fazer a avaliação da oração pessoal durante a semana.
2.7. Domingo, participar na paróquia ou na comunidade.

3. Fazer a leitura orante de texto bíblico

3.1. O que diz o texto? O texto fala de quê?
3.2. O que o texto diz para mim hoje? Penso em que preciso mudar...
3.3. O que o texto me faz dizer a Deus? Rezo, louvo, agradeço.

3.4. O que o texto me leva a fazer? Faço silêncio... Escuto o que Deus me pede.

3.5. Qual o desafio de pôr em prática o que Deus me pediu?

4. Anotar em seu caderno de oração, após cada texto bíblico, aquilo que mais tocou seu coração

5. Compromisso de vida

5.1. Visitar as comunidades religiosas de sua Paróquia e Diocese, procurando perceber a vida comunitária dos consagrados.

5.2. Durante a visita perguntar sobre a vida comunitária às religiosas e aos religiosos.

OBS.: Procure ser sincero, transparente e simples, partilhando tudo (sentimentos, medos, dúvidas, receios, apegos), pois isso o ajudará no discernimento vocacional.

"A comunidade consagrada, por ser uma escola em que se aprende a amar como Deus ama e a crescer neste mandamento, torna-se também uma escola de crescimento humano, em que seus membros são desafiados e convocados à maturidade humana, premissa indispensável para se chegar à plenitude da consagração religiosa. Esse crescimento, porém, é um contínuo processo, que não conhece limites, porque comporta um contínuo "enriquecimento", não somente dos valores espirituais, mas também dos de ordem psicológica, cultural e social." (Frei Dorvalino Francisco Fassini, ofm.)

14 OS CONSELHOS EVANGÉLICOS

I • REFLEXÃO

1. Texto

Na vida consagrada, o religioso fiel a Cristo se propõe, sob a moção do Espírito Santo, a segui-lo mais de perto, entregando-se a Deus, amando-o acima de tudo no serviço do reino. Nela, o religioso oferece-se à vontade de Deus, através de seus superiores, como oferenda gratuita a Jesus Cristo, que sempre fez a vontade de seu Pai.

Os conselhos evangélicos são propostos a todos os discípulos de Cristo. A perfeição da caridade a qual são chamados todos os fiéis interessa de modo particular a quem se dispõe a responder ao chamado à vida consagrada, na vivência da pobreza, da castidade e da obediência. Sobre os votos nós já tratamos no capítulo 11, quando falamos sobre a Vida Religiosa dentro das vocações específicas.

A Comunidade de Vida Shalom, refletindo sobre o valor dos votos religiosos, argumenta que: "Por causa da origem cristológica, o consagrado vive não simplesmente a castidade, mas a castidade de Cristo; não é a pobreza, mas a pobreza de Cristo, tampouco é a obediência, mas a obediência de Cristo. Existem outras formas de pobreza, castidade e obediência, mas nenhuma delas nos interessa, somente a que Cristo viveu (não é a nossos moldes). Se nós nos desviarmos ou nos descuidarmos da origem e dimensão cristológica dos conselhos evangélicos, nós os tornaremos ininteligíveis, esvaziados de sentido, perdendo sua maior riqueza teológica. Nós não podemos desvinculá-los da pessoa de Cristo, de sua vida e doutrina".

A reflexão continua com outros elementos importantes em torno da pessoa de Jesus Cristo: "Portanto, para compreendermos verdadeiramente os conselhos evangélicos é necessário voltar decididamente à pessoa de Jesus pobre-casto-obediente com sua vida e sua doutrina, com o chamado a seu seguimento e com seu mistério de Kenosis; em relação com a Igreja, com sua vida, com sua santidade, com sua dimensão carismática e escatológica e com sua missão evangelizadora; em relação com o Reino de Deus, com sua valiosidade absoluta, com suas exigências supremas e com seu estabelecimento neste mundo, como inauguração da vida celeste ("Jesus foi casto, obediente e pobre para isto")". (www.comshalom.org/formacao/exibir.php?form_id=1329)

A profissão dos conselhos evangélicos coloca os consagrados como sinal e profecia para a comunidade dos irmãos e irmãs e para o mundo. A missão profética da vida consagrada vê-se provocada por três desafios principais lançados à própria Igreja, e esses desafios tocam diretamente os conselhos evangélicos de castidade, pobreza e obediência, estimulando a Igreja, e de modo particular as pessoas consagradas, a pôr em evidência e testemunhar seu significado antropológico profundo. Na verdade, a opção por esses conselhos, longe de constituir um empobrecimento de valores autenticamente humanos, revela-se antes como uma transfiguração dos mesmos.

A profissão de castidade, pobreza e obediência torna-se uma admoestação a que não se subestimem as feridas causadas pelo pecado original, e, embora afirmando o valor dos bens criados, relativiza-os pelo simples fato de apontar Deus como o bem absoluto. Fazer voto de obediência significa comprometer-se diante de Deus e diante dos irmãos a viver em atitude de total docilidade à vontade amorosa do Pai e a acolhê-la filialmente como critério único de vida, sejam quais forem as mediações humanas ou sinais que manifestam essa vontade.

Quanto mais encarnarmos a pobreza-obediência-castidade mais demonstraremos nosso amor a Deus e mais livres seremos para amá-lo e para amar, também, nossos irmãos e irmãs.

2. Bibliografia para aprofundamento do texto

2.1. BÍBLIA MENSAGEM DE DEUS. Edições Loyola, 1989.
2.2. BÍBLIA SAGRADA – *Método lectio divina*. Sociedades Bíblicas Unidas, 2005.
2.3. CATECISMO DA IGREJA CATÓLICA. Vozes, Petrópolis, 1993, n. 915 a 933.
2.5. CENTINI, Amedeo. *Vocações da nostalgia à profecia*. Paulistas, Bolonha, 1990.
2.6. GOULART, Pe. José Dias. *Vocação: convite para servir*. Paulus, São Paulo, 2003.
2.7. www.comshalom.org/formacao/exibir.php?form_id=1329
2.8. http://www.dominicanos.org.br/

3. Questão para aprofundamento

3.1. Vendo como Jesus viveu a pobreza, a obediência e a castidade, o religioso assume esses conselhos evangélicos, tendo Jesus como o modelo a ser seguido, pois Ele viveu submetendo-se plenamente à vontade do Pai. Você está disposto a assumir com alegria a responsabilidade, a vivência dos conselhos evangélicos em sua vida humana, espiritual e na vida social?

4. Músicas

4.1. *A tua graça*. Luiz Arcanjo/Davi Sacer.
4.2. *Um dia escutei teu chamado*. José Santana.
4.3. *No meu coração sinto o chamado*. Pe. Gustavo Balbinot e Osmar Coppi.
4.4. *A fé é compromisso*. Flávio Wozniack.
4.5. Outras músicas, de acordo com a escolha do grupo.

5. Atividade pessoal ou grupal

Tempestade de ideias

Objetivo: Tomar consciência dos diversos aspectos que fazem parte dos conselhos evangélicos.

5.1. Preparar três grandes painéis (papel madeira com dois metros de cumprimento cada).
5.2. Pedir um voluntário para escrever com pincel atômico.
5.3. A folha de papel madeira poderá ser colocada em uma mesa ou no chão.
5.4. Orientar o grupo para pensar no voto de pobreza. Tudo que vier à cabeça será válido, mas não poderá fazer perguntas, sim afirmações sobre esse voto, se possível com palavras únicas.
5.5. À medida que as pessoas forem falando, o voluntário deverá escrever na folha.

5.6. Assim que esgotar a sabedoria do grupo, deverá passar para a outra folha. Da mesma forma, orientar o grupo para pensar no voto de obediência e depois cada um por vez poderá falar palavras que vieram à mente.

5.7. O mesmo deverá acontecer com o voto de castidade.

5.8. Terminado de escrever, os painéis deverão ser expostos, pendurados.

5.9. Pedir para todos fazerem uma visita aos painéis e anotar, em uma folha, três palavras que consideram muito importante sobre cada um dos votos.

5.10. Após a visita aos painéis, cada pessoa deverá expor as palavras escolhidas e o porquê da escolha.

II • REZANDO MINHA VOCAÇÃO

1. Orientações para a oração pessoal (rezar apenas um texto por dia)

1.1. Escolher um lugar para sua oração.
1.2. Determinar o horário e o tempo de sua oração.
1.3. Pedir a graça que deseja para este momento de oração.
1.4. Ler e reler o texto com muita calma.
1.5. "Saborear" com o coração o que o marcou.
1.6. Encerrar a oração, agradecendo ao Senhor este encontro.

2. Textos bíblicos para sua oração pessoal

2.1. 2Cor 8,9-12 – Pobreza.
2.2. Mt 8,19-22.
2.3. 1Jo 3,17-19.
2.4. Cl 1,20-26.
2.5. Ap 21,1-4 – Castidade.
2.6. Ef 3,16-19.
2.7. 1Cor 7,32-35.
2.8. Jo 5,30-35.
2.9. Fl 2,8-17 – Obediência.
2.10. Hb 10,8-10.
2.11. Hb 5,8-10.

3. Fazer a leitura orante dos textos bíblicos

3.1. O que diz o texto? O texto fala de quê?
3.2. O que o texto diz para mim hoje? Penso o que preciso mudar...

RESPONDENDO A MINHA VOCAÇÃO

3.3. O que o texto me faz dizer a Deus? Rezo, louvo, agradeço...
3.4. O que o texto me leva a fazer? Faço silêncio... Escuto o que Deus me pede.
3.5. Qual o desafio de pôr em prática o que Deus me pediu?

4. Anotar em seu caderno de oração, após cada texto bíblico, aquilo que mais tocou seu coração

5. Compromisso de vida

5.1. Verificar suas condições para viver os conselhos evangélicos. Procure conversar com um ou mais religiosos sobre cada um dos votos: obediência, pobreza e castidade. Tire suas dúvidas, pergunte e faça seu discernimento. Peça a Deus que lhe ilumine e dê força e serenidade para responder o chamado que Ele lhe faz.

OBS.: Procure ser sincero, transparente e simples, partilhando tudo (sentimentos, medos, dúvidas, receios, apegos), pois isso o ajudará no discernimento vocacional.

"Há uma convergência do 'sim' a Deus, que une os vários consagrados em uma mesma comunidade de vida. Consagrados juntos, unidos no mesmo 'sim', unidos no Espírito Santo, os religiosos descobrem cada dia que seu seguimento de Cristo 'obediente, pobre e casto' é vivido na fraternidade, como os discípulos que seguiam a Jesus em seu ministério." (http://www.dominicanos.org.br/)

15 OPÇÃO PELOS POBRES

I • REFLEXÃO

1. Texto

A Igreja desde seus fundamentos até os dias de hoje sempre deixou sua clara opção aos mais necessitados, procurando realizar o que o próprio cristo fez e ensinou: "Quem der, ainda que seja apenas um copo de água fria a um desses pequeninos, por ser meu discípulo, eu garanto a vocês: não perderá sua recompensa" (Mt 10,42).

Contemplando a vida e missão de Jesus, o religioso faz a opção pelos pobres. Cristo através de sua ação e palavras sempre se colocou ao lado dos mais necessitados e convocou todos para serem solidários com eles.

No discurso inaugural da V Conferência, o papa Bento XVI recordou que a Igreja estava convocada a ser "advogada da justiça e defensora dos pobres", tudo isso "diante das intoleráveis desigualdades sociais e econômicas que clamam ao céu". A Igreja, nesse contexto social, tem muito a contribuir oferecendo sua doutrina social "capaz de despertar esperança em meio às situações mais difíceis, porque se não há esperança para os pobres, não haverá para ninguém nem sequer para os chamados ricos", complementou o Papa (Documento de Aparecida, n. 395).

A pobreza vem assolando o mundo inteiro, onde mais ou menos 60% dos pobres vivem abaixo do salário mínimo e 20% deles vivem na miséria total, por causa da ganância do **"ter"**, do egoísmo do **"ser"** e do consumismo do **"prazer"**. As consequências provindas desse tipo de mentalidade tem gerado, ao longo da história da humanidade, milhões de famintos e abandonados pelo mundo afora.

Os ricos se contrapõem aos pobres não pelo que possuem, mas pela atitude de fechamento diante dos que nada têm. Diante de suas riquezas, sentem-se autossuficientes, orgulhosos e despreocupados em relação aos mais necessitados, portanto indiferentes ao Reino que clama por justiça. A opção pelos pobres não é uma novidade na Igreja, mas sim uma constante, por ter fundamento bíblico. Na América Latina, essa dimensão teve e tem um lugar de honra na Teologia e na Pastoral.

Jesus Cristo consumou a obra da redenção na pobreza e na perseguição. Aquele que responde ao chamado de Jesus Cristo e o segue deve ter a consciência de que essa é uma opção que leva à prática do amor e do serviço, do despojamento em favor dos irmãos e irmãs, principalmente dos que vivem à margem da sociedade. Jesus em sua missão disse: "As pessoas que têm saúde não precisam de médico, mas só as que estão doentes. Eu não vim para chamar justos, e sim pecadores" (Mc 2,17). Fica claro que aquele que se dispõe a segui-lo não pode buscar a glória terrestre, mas testemunhar a humildade e o despojamento nesta terra, pois o próprio Cristo despojou-se de sua condição divina e tornou-se um de nós para nos salvar.

Jesus anuncia o Reino para todos! Não exclui ninguém. Mas o anuncia a partir dos excluídos. Sua opção é clara, seu apelo também: não é possível ser amigo de Jesus e continuar apoiando um sistema que marginaliza as pessoas, tratando-as como um ser humano de segunda, terceira ou quarta categoria; todos somos filhos e filhas de um mesmo Pai que está no céu. Aos que querem segui-lo, Ele manda escolher a Deus ou ao dinheiro: ninguém pode servir a dois senhores, porque ou odiará a um e amará ao outro, ou será fiel a um e desprezará ao outro. Vocês não podem servir a Deus e às riquezas" (Mt 6,24). Nessa mesma linha de reflexão encontramos aquela passagem tão conhecida do encontro do jovem rico com Jesus, no final do diálogo entre os dois, Jesus orientou-o: "Se você quer ser perfeito, vá, venda tudo o que você tem, dê o dinheiro aos pobres, e você terá um tesouro no céu. Depois venha e siga-me" (Mt 19,21).

O Papa Francisco nos alerta que "nenhum esforço de 'pacificação' será duradouro, não haverá harmonia e felicidade para uma sociedade que ignora, que deixa à margem, que abandona na periferia parte de si mesma. Uma sociedade assim simplesmente empobrece a si mesma; antes, perde algo de essencial para si mesma. Não deixemos, não deixemos entrar em nosso coração a cultura do descartável! Não deixemos entrar em nosso coração a cultura do descartável, porque nós somos irmãos. Ninguém é descartável!".

2. Bibliografia para aprofundamento do texto

2.1. BÍBLIA SAGRADA. Edição Pastoral, Paulus, São Paulo, 1990.
2.2. BLANK, Renold. *A face mais íntima de Deus*. Paulus, São Paulo, 2011.
2.3. DOCUMENTO DE APARECIDA. Paulus, São Paulo, 2007, n. 128 e 397.
2.4. VVAA. *Direitos humanos, direitos dos pobres*. Vozes, Petrópolis, 1992.

3. Questões para aprofundamento

A sociedade não se cansa de nos incentivar a construir um mundo onde a privacidade seja respeitada e a fazer de tudo para estarmos bem conosco, buscando a felicidade em um plano individual e consumista, sem ter uma preocupação com os outros. Diante de tanta pressão, nossa opção pelos pobres corre o risco de ficar só no plano da teoria, da emoção, sem uma prática concreta que leve à libertação dos pobres e oprimidos na sociedade. A partir dessas considerações:

3.1. Qual sua postura diante do apelo da sociedade que o incentiva a viver uma vida voltada só para você mesmo, para sua felicidade, sem preocupar-se com os irmãos e irmãs mais necessitados?

3.2. Quais suas ações no concreto da vida que visam favorecer os pobres, os que não têm voz nem vez, descartados pela sociedade capitalista dos dias de hoje?

4. Músicas

4.1. *Só há lugar nesta mesa.* Frei Fabreti.
4.2. *Somos gente nova.* Zé Vicente.
4.3. *Javé, o Deus dos pobres.* Frei Fabreti.
4.4. *Vejam, eu andei pelas vilas.* Thomaz Filho e Frei Fabreti.
4.5. *Na mesa da Eucaristia.* Pe. Vanildo e Pe. José Eugênio.
4.3. Outras músicas, de acordo com a escolha do grupo.

5. Atividade pessoal ou grupal

A realidade em recortes

Objetivos: Verificar e sensibilizar as pessoas sobre a realidade de miséria e sofrimento que muitos irmãos e irmãs vivem no mundo.

5.1. Dividir o grupo em dois ou três subgrupos, dependendo do tamanho do grupo.
5.2. Orientá-los a pegarem jornais e revistas no centro da sala.
5.3. Cada grupo deverá recortar das revistas e jornais gravuras que mostram a pobreza e miséria do povo e colar nas cartolinas.
5.4. Assim que terminar a colagem, orientar cada subgrupo a conversar sobre o que fizeram e a dar um título para o trabalho realizado.
5.5. Cada subgrupo deverá apresentar para todos o que montou.
5.6. Abrir a conversa para todos os que quiserem fazer complementações a partir do tema: *opção pelos pobres*.

1. Orientações para a oração pessoal (rezar apenas um texto por dia)

1.1. Escolher um lugar para sua oração.
1.2. Determinar o horário e o tempo de sua oração.
1.3. Pedir a graça que deseja para esse momento de oração.
1.4. Ler e reler o texto com muita calma.
1.5. "Saborear" com o coração o que o marcou.
1.6. Concluir a oração, agradecendo ao Senhor este encontro.

2. Textos bíblicos para sua oração pessoal

2.1. Sl 71.
2.2. Mc 2,15-17.
2.3. Mt 11,28-30 – Os pobres.
2.4. Lc 4,18-21.
2.5. Mt 12,15ss.
2.6. Jo 1,47-51 – O Reino dos céus é para todos.
2.7. Lc 19,5-10.

3. Fazer a leitura orante dos textos bíblicos

3.1. O que diz o texto? O texto fala de quê?
3.2. O que o texto diz para mim hoje? Penso em que preciso mudar...
3.3. O que o texto me faz dizer a Deus? Rezo, louvo, agradeço.
3.4. O que o texto me leva a fazer? Faço silêncio... Escuto o que Deus me pede.
3.5. Qual o desafio de pôr em prática o que Deus me pediu?

4. Anotar em seu caderno de oração, após cada texto bíblico, aquilo que mais tocou seu coração

5. Compromisso de vida

5.1. Visitar pessoas que moram em uma favela, cortiço ou embaixo de uma ponte. Após conversar com essas pessoas, verificar qual o aprendizado que poderá tirar para sua vida.
5.2. Visitar uma família do centro urbano. Qual o aprendizado para sua vida?

OBS.: Procure ser sincero, transparente e simples, partilhando tudo (sentimentos, medos, dúvidas, receios, apegos), pois isso o ajudará no discernimento vocacional.

"Tem rico que é tão pobre, porque a única coisa que tem é dinheiro..." (Dom Helder Câmara)

16 TOMANDO CONSCIÊNCIA DA MISSÃO

I • REFLEXÃO

1. Texto

Jesus foi essencialmente missionário, enviado pelo Pai, e, por sua vez, enviou seus discípulos a anunciarem a Boa-Nova a todos os povos. Os discípulos de Cristo foram chamados a dar um testemunho de amor e solidariedade em sua missão evangelizadora.

A Igreja recebeu a missão de anunciar a Boa-Nova de Jesus Cristo aos povos a partir de sua realidade histórica. A missão compreende o coração da vida religiosa. A pessoa que se consagra totalmente a Deus é cativada por Cristo e animada pelo Espírito Santo a cooperar eficazmente na missão.

A Igreja é enviada por Jesus Cristo a todas as gentes para ser sacramento universal de salvação. Obedecendo ao mandato de seu fundador, Jesus Cristo, a Igreja procura incansavelmente anunciar o Evangelho a todos os homens. Já os próprios Apóstolos, nos quais a Igreja se alicerça, seguindo o exemplo de Cristo, anunciaram o Santo Evangelho em todos os lugares aonde puderam ir. Aos seus sucessores, todos nós cristãos católicos, compete perpetuar essa obra, para que a palavra de Deus se propague por todos os cantos e o Reino de Deus seja estabelecido no meio dos povos.

Jesus que veio realizar a missão recebida do Pai de anunciar a Boa-Nova aos pobres, proclamar a remissão aos presos e aos cegos, a recuperação da vista, para restituir a liberdade dos oprimidos (cf. Lc 4,18-19), pregar e expulsar os demônios (Mc 3,15); assim os discípulos e missionários, as discípulas e missionárias, hoje, assumem a luta que Jesus iniciou, contra os poderes do mal que empobrecem a vida do povo.

As Congregações Religiosas, os Institutos e as Comunidades de Vida, de acordo com seu carisma, também, recebem a missão de evangelizar. Procuram atender às diversas necessidades apresentadas pelo povo de Deus em sua história e realidade. Assumem o trabalho pelo Reino de Deus e sua justiça, pondo Cristo no centro e tomando as opções que Ele tomou.

Os Consagrados, ao ingressarem nas Congregações, Institutos ou Comunidades de Vida, assumem com todo amor, fé, esperança, alegria, coragem e abertura, a missão que lhes foi confiada, enriquecendo-a com os dons, dados por Deus a cada um de nós, a serviço das pessoas.

O Conselho Episcopal Latino-Americano, ao refletir sobre o "Itinerário da Missão Continental", orienta os discípulos e missionários quando em missão a aplicarem um método de vida missionária a partir de Jesus. Vejamos este método a partir de sete pontos:

1. Sempre estar atento à realidade das pessoas. Levantar a pergunta: O que buscam em uma sociedade fragmentada? Essa indagação é importante para que nossas propostas não caiam no vazio.
2. Acolher as pessoas e suas buscas, com ardor, proximidade e ternura. Isso é importante para que nossa mensagem não seja um discurso, mas palavras de vida.

3. É necessário ir ao encontro das pessoas. Não devemos ficar esperando que venham em nossos templos. Jesus disse a Zaqueu que estava em cima de uma árvore: "Desça depressa, Zaqueu, porque hoje preciso ficar em sua casa" (Lc 19,50).
4. Ter uma postura de conversão, ter coragem de deixar de lado estruturas "caducas". Corremos o risco de querer repetir nossos esquemas de ação missionária, em todos os lugares que atuamos, sem buscar uma atualização e inserção na realidade missionada.
5. Evidenciar sempre, em nossa missão, os pobres e excluídos. Não podemos fechar nossos olhos nem nos calar diante dos clamores de nossos irmãos que clamam por vida digna.
6. Procurar meios e formas de ajudar a sociedade a acolher os valores do Evangelho. É preciso saber usar os meios de comunicação em vista da Evangelização.
7. Desenvolver e cultivar o Espírito Ecumênico. Deus ama a todos, quer salvar a todos e quer que vivamos como irmãos, em um espírito de fraternidade e solidariedade.

Em sua mensagem final no CELAM em Aparecida, o Papa Bento XVI disse: "Jesus convida todos a sua missão. Que ninguém fique de braços cruzados. Ser missionário é ser anunciador de Jesus com criatividade e audácia em todos os lugares onde o Evangelho não foi suficientemente anunciado ou acolhido, especialmente nos ambientes difíceis e esquecidos e além de nossas fronteiras".

"Sejamos missionários do Evangelho não só com palavra, mas principalmente com nossa própria vida, entregando-a no serviço, inclusive até o martírio" (Documento de Aparecida, n. 271).

2. Bibliografia para aprofundamento do texto

2.1. BÍBLIA SAGRADA. Edição Pastoral, Paulus, São Paulo, 1990.
2.2. DOCUMENTO DE APARECIDA. Paulus, São Paulo, 2007, n. 210-214 e p. 271.
2.3. GRUPO FONTE MANANCIAL DE VIDA (Exercícios Espirituais). Ed. Grupo Fonte, S/local, 2013.
2.4. HUMES, Cardeal dom Claudio. *Discípulos e missionários de Jesus Cristo*. Paulus, São Paulo, 2006.
2.5. PAGOLA, José A. *O caminho aberto por Jesus (Mateus)*. Gráfica Coimbra, Coimbra, 2010.
2.6. CONSELHO EPISCOPAL LATINO-AMERICANO. *Itinerário da missão continental*. Edições CNBB, Brasília, 2009.

3. Questões para aprofundamento

3.1. O que nós, como Igreja, estamos fazendo para cumprir bem a missão que Jesus nos designou?
3.2. O que nós, como Igreja, precisamos fazer para cumprir bem a missão que Jesus nos designou?
3.3. O que tem nos dificultado assumir de vez nosso ser missionário na comunidade?

4. Músicas

4.1. *Vai falar no evangelho*. Roberto Paulo.
4.2. *Vai por esse mundo afora*. Lelo Praxedes.
4.3. *Vai, missionário do Senhor*. Jarbas Gregório.
4.4. *Quero ouvir teu apelo Senhor*. Irmã Míria T. Kolling.
4.5. *Pelas estradas da vida*. Espinosa.
4.6. Outras músicas, de acordo com a escolha do grupo.

5. Atividade pessoal ou grupal

Todos em missão: sons e imagens

Objetivos: Buscar através da criatividade e espontaneidade refletir a vida em missão, com suas dificuldades e conquistas.

5.1. Convidar o grupo para ficar em pé e formar um círculo.

5.2. Dizer que todos foram enviados em missão para levar o Evangelho de Jesus Cristo a um bairro de periferia de uma grande cidade.

I Parte

5.3. Convidar cada participante a pensar em uma dificuldade encontrada que atrapalhou sua atividade missionária e resumir esta dificuldade em uma palavra ou frase curta.

5.4. Depois que todos tiverem pensado, pedir um voluntário para ir ao centro e dizer a palavra. Dito a palavra, pedir para que expresse em um gesto essa dificuldade.

5.5. Pedir para todos falarem a palavra que essa pessoa disse e repetir o gesto que ela fizer.

5.6. Prosseguir a dinâmica até todos falarem a palavra e fazerem o gesto de acordo com a palavra dita.

II Parte

5.7. Pedir para cada pessoa pensar em algo muito positivo que aconteceu na missão.

5.8. Depois que todos tiverem pensado, pedir um voluntário para ir ao centro e dizer a palavra. Dito a palavra, pedir para que expresse em um gesto esse algo bom que aconteceu.

5.9. Pedir para essa pessoa congelar sua expressão.
5.10. A próxima pessoa deverá ir ao centro falar a palavra ou frase e fazer um gesto que continue a imagem congelada do colega anterior, complementando o gesto do outro.
5.11. Todos procederão da mesma forma.
5.12. No final, formarão uma grande estátua, que poderá ser fotografada e depois divulgada para o grupo.
5.13. Abrir espaço para o compartilhamento. Cada pessoa poderá manifestar-se sobre o que foi feito, bem como a vida e a realidade de um missionário e missionária de Jesus Cristo.

II • REZANDO MINHA VOCAÇÃO

1. Orientações para a oração pessoal (rezar um texto por dia)

1.1. Escolher um lugar para sua oração.
1.2. Determinar o horário e o tempo de sua oração.
1.3. Pedir a graça que deseja para esse momento de oração.
1.4. Ler e reler o texto com muita calma.
1.5. "Saborear" com o coração o que o marcou.
1.6. Encerrar a oração, agradecendo ao Senhor este encontro.

2. Textos bíblicos para sua oração pessoal

2.1. Ap 2,2.11.17.29 – Conheço as tuas obras.
2.2. Ap 3,6-13 – Escreverei sobre o nome de meu Deus.
2.3. Mc 1,23-24 – Ficaram todos admirados.
2.4. Lc 21,31-34 – Vigiai sobre vós mesmos.
2.5. Mt 5 – Recomendações aos missionários.
2.6. Sábado, fazer a avaliação da oração pessoal durante a semana.
2.7. Domingo, participar na paróquia ou na comunidade.

3. Fazer a leitura orante dos textos bíblicos

3.1. O que diz o texto? O texto fala de quê?
3.2. O que o texto diz para mim hoje? Penso em que preciso mudar...
3.3. O que o texto me faz dizer a Deus? Rezo, louvo, agradeço.

3.4. O que o texto me leva a fazer? Faço silêncio... Escuto o que Deus me pede.

3.5. Qual o desafio de pôr em prática o que Deus me pediu?

4. Anotar em seu caderno de oração, após cada texto bíblico, aquilo que mais tocou seu coração

5. Compromisso de vida

5.1. Procure entrar em contato com sua paróquia para conhecer as atividades missionárias que realiza.

5.2. Visitar uma comunidade religiosa para saber mais sobre a missão que realizam e em quais lugares atuam no mundo.

5.3. Procure conhecer os projetos missionários desenvolvidos pela CNBB (Conferência Nacional dos Bispos do Brasil) e CRB (Conferência dos Religiosos do Brasil).

5.4. Procure conhecer a Missão Ad Gentes, missão realizada fora do país.

OBS.: Procure ser sincero, transparente e simples, partilhando tudo (sentimentos, medos, dúvidas, receios, apegos), pois isso o ajudará no discernimento vocacional.

"Escutamos Jesus como comunidade de discípulos missionários que experimentam o encontro vivo com Ele e queremos compartilhar todos os dias com os demais essa alegria incomparável." (Documento de Aparecida, n. 364)

17 JESUS ME CONVIDA A SEGUI-LO

I • REFLEXÃO

1. Texto

Jesus chama os primeiros discípulos após uma noite de oração. Ele já os conhecia e, portanto, chama-os convicto de que eles o seguiriam. Interessante é que os chama e já começa a percorrer a terra da Galileia. Jesus ensinava e curava as pessoas como um mestre itinerante. Ele tinha autoridade e sua fama extrapolava as fronteiras; de muitos lugares pessoas o procuravam. O convite foi feito aos apóstolos gradativamente, com prudência e muito amor.

Embora seja difícil a qualquer pessoa seguir os caminhos de Jesus Cristo, Ele convida todas as pessoas a segui-lo. O chamado é de graça, mas acolhê-lo exige um compromisso, pois se assume um novo jeito de viver em uma nova família com realidades diferentes.

Você deve ter percebido, ao longo desta etapa, que o seguimento tem suas exigências: estar disposto a abandonar tudo. Se não houver renúncia, não há seguimento a Jesus. É o amor profundo que dá sentido ao **"deixar tudo"**.

Para seguir Jesus, você precisa pensar no que vai renunciar:

1. libertar-se dos laços familiares e integrar-se na nova família;
2. deixar o lugar de origem;
3. deixar o próprio trabalho;
4. libertar-se de seus bens;
5. deixar a própria vontade para fazer a vontade de Deus.

Jesus não chama os capacitados e as capacitadas, mas capacita a quem Ele chama. O chamado de Jesus não é apenas para os bispos, os sacerdotes, os diáconos, os religiosos e religiosas, mas estende-se, também, aos fiéis leigos. Os leigos são, pessoalmente, chamados pelo Senhor a realizar a missão na Igreja e no mundo em favor dos irmãos e irmãs. Jesus chama a todos para trabalhar em sua vinha e pede para que todos rezem pedindo ao Pai trabalhadores para a messe, pois a messe é grande e pouco são os trabalhadores (cf. Lc 10,2). Sintam-se acolhidos por Jesus e tenham a certeza de que Ele estará com vocês agora e sempre.

Fazer a vontade de Deus deve ser o grande projeto de vida aqui na terra. Deus não os fez simplesmente para seguir o curso natural da vida, seguir a natureza carnal, ou mesmo seguir e obedecer aos desejos da alma. Deus tem um projeto muito mais nobre para cada um. Deus tem um plano maravilhoso para suas vidas.

O convite especial de Jesus para vocês é para que abram mão de seus desejos materiais que não agradam a Deus, de seus planos e propósitos e passem a seguir os dele, procurando sempre aprender dele que é manso e humilde de coração. Se assim vocês agirem, estarão fazendo a vontade do Pai que está no céu.

Jesus quando conversava com os seus discípulos sobre a missão e seus desafios em um determinado momento falou: "Quem procura conservar a própria vida, vai perdê-la. E quem perde sua vida por causa de mim, vai encontrá-la" (Mt 10,39). Confiem sempre no Senhor, Ele os fortalece, está com vocês; com Ele chegarão à vida eterna e, através da missão que realizarem, poderão ajudar muitos irmãos e irmãs a entrarem na casa do Senhor, também.

2. Bibliografia para aprofundamento do texto

2.1. BÍBLIA SAGRADA. Edição Pastoral, Paulus, São Paulo, 1990.
2.2. BORTOLINI, José. *O evangelho de Marcos*. Paulus, São Paulo, 2006.
2.3. MIER, Francisco. *Caminos y posadas, relatos autobiográfico de Jesús*. San Plabo, 1999.
2.4. PAGOLA, José Antônio. *O caminho aberto por Jesus (Lucas)*. Vozes, Petrópolis, 2012.
2.5. BOMBONATO, Vera Ivanise & CONSELHO EPISCOPAL LATINO-AMERICANO, CELAM. *A missão a serviço da vida plena*. Edições CNBB, Brasília, 2008.
2.6. DOCUMENTO DE APARECIDA. Paulus, São Paulo, 2007.

3. Questões para aprofundamento

3.1. Qual é sua resposta a esse convite de Jesus para sua vida? Você deseja tornar-se um fiel seguidor, um fiel discípulo de Jesus?
3.2. O convite especial de Jesus é para você servir e segui-lo. Você aceita esse convite?

4. Músicas

4.1. *Sai da tua terra e vai*. Davi Quinlan.
4.2. *Quero ouvir teu apelo, Senhor*. Irmã Míria Kolling.

4.3. *Eis-me aqui, Senhor.* Dom Pedro Brito Guimarães e Frei Fabreti.
4.4. *Como membro desta igreja peregrina.* Cireneu Kuhn.
4.5. *Um dia escutei teu chamado.* José A. Santana.
4.6. Outras músicas, de acordo com a escolha do grupo.

5. Atividade pessoal ou grupal

Não e sim mestre!

5.1. Preparar com antecedência frases ditas por Jesus e entregar uma para cada participante.
5.2. Um participante escolhe alguém do grupo e fala a frase para essa pessoa como se fosse o próprio Cristo falando.
5.3. A pessoa escolhida, em um primeiro momento, responderá negativamente a frase de Jesus; é importante dar motivos da negativa. Depois, a mesma pessoa que leu a frase lerá de novo e em seguida a pessoa escolhida responderá afirmativamente a frase de Jesus, dando motivos da afirmação.
5.4. Continuando a dinâmica, a pessoa que respondeu escolherá outra pessoa do grupo e procederá da mesma forma.
5.5. A dinâmica seguirá até que todos tenham falado e respondido as frases de Jesus.
5.6. Conversar sobre a dinâmica e os desafios da missão.

Sugestões de frases de Jesus Cristo para usar na dinâmica

1. "Amai a Deus sobre todas as coisas! Amai ao próximo como a si mesmo!"
2. "Por que me procuravam? Não sabem que devo estar na casa de meu Pai?"

3. "Não só de pão vive o homem!"
4. "Devo anunciar a Boa-Notícia do Reino de Deus também para as outras cidades, porque para isso é que fui enviado."
5. "Avancem para águas mais profundas e lancem as redes para a pesca."
6. "Não tenha medo! De hoje em diante você será pescador de homens."
7. "As pessoas que têm saúde não precisam de médico, só as que estão doentes. Eu não vim para chamar justos, e sim pecadores para a conversão."
8. "Eu pergunto a vocês: A lei permite no sábado fazer o bem ou fazer o mal, salvar uma vida ou deixar que se perca?
9. "Felizes de vocês se os homens os odeiam, se os expulsam, insultam-nos e amaldiçoam o nome de vocês, por causa do Filho do Homem."
10. "Amem os seus inimigos e façam o bem aos que odeiam vocês. Desejem o bem aos que os amaldiçoam e rezem por aqueles que os caluniam."
11. "Eu te louvo, ó Pai, Senhor do céu e da terra, porque escondeste essas coisas aos sábios e inteligentes e as revelaste aos pequeninos."
12. "Buscai primeiro o Reino de Deus e tudo o mais vos será acrescentado."

II • REZANDO MINHA VOCAÇÃO

1. Orientações para a oração pessoal (rezar um texto por dia)

1.1. Determinar o horário e o tempo de sua oração.
1.2. Pedir a graça que deseja para esse momento de oração.
1.3. Ler e reler o texto com muita calma.
1.4. "Saborear" com o coração o que o marcou.
1.5. Encerrar a oração, agradecendo ao Senhor este encontro.

2. Textos bíblicos para sua oração pessoal

2.1. Jer 1,4-10 – "Não temas eu estou contigo!"
2.2. Mt 28,16-20 – "Ide, pois, ensinai a toda gente."
2.2. At 9,1-31 – "Tabita, levante-te!"
2.4. Ez 2,1-10 – "Não sejas rebelde como essa raça de revoltados".
2.5. Gl 1,11-23 – "Nós procuramos tornar-nos justos em Cristo!"
2.6. Sábado, fazer a avaliação da oração pessoal durante a semana.
2.7. Domingo, participar na paróquia ou na comunidade.

3. Fazer a leitura orante dos textos bíblicos

3.1. O que diz o texto? O texto fala de quê?
3.2. O que o texto diz para mim hoje? Penso em que preciso mudar...
3.3. O que o texto me faz dizer a Deus? Rezo, louvo, agradeço.

3.4. O que o texto me leva a fazer? Faço silêncio... Escuto o que Deus me pede.

3.5. Qual o desafio de pôr em prática o que Deus me pediu?

4. Anotar em seu caderno de oração, após cada texto bíblico, aquilo que mais tocou seu coração

5. Compromisso de vida

5.1. Continuar a experiência de deixar suas "seguranças".

5.2. Faça a experiência de confiar plenamente em Deus.

OBS.: Procure ser sincero, transparente e simples, partilhando tudo (sentimentos, medos, dúvidas, receios, apegos), pois isso o ajudará no discernimento vocacional.

"Como ele, eu também quero deixar minha antiga vida e não seguir outro que não sejas tu, Senhor, tu que curas minhas feridas. Quem poderá separar-me do amor de Deus que se manifesta em ti?" (Santo Ambrósio)

"Os jovens são enviados a todas as pessoas." "Não tenham medo de levar Cristo a todos os ambientes." (Papa Francisco durante a Jornada Mundial da Juventude no Rio de Janeiro, 2013)

18 MINHA LIBERDADE DIANTE DE DOIS CAMINHOS

1 • REFLEXÃO

1. Texto

"Entrem pela porta estreita, porque é larga a porta e espaçoso o caminho que levam para a perdição, e são muitos os que entram por ela! Como é estreita a porta e apertado o caminho que levam para a vida, e são poucos os que a encontram!" (Mt 7,13-14).

A estrada para o céu é estreita, precisamos ter fé, esperança e muito amor para chegar até o final dela; mas, ao chegarmos a seu final, veremos que valeu a pena todo o esforço feito. A conclusão desse caminho estreito nos leva à salvação, ao encontro definitivo com Deus e, com certeza, através de nosso testemunho e perseverança, poderemos ajudar muitos a fazerem esse encontro com Deus no Reino dos céus.

Cada vocacionado que ama a Deus pode andar em uma luz pura e santa. Embora o caminho pareça ser difícil, penoso, que exige sacrifícios, é possível suportar, pois Jesus Cristo está com todos aqueles que creem e procuram estar com Ele, que é o Caminho, a Verdade e a Vida. Temos um hino em nossa Igreja que cantamos muito, principalmente nos momentos difíceis da vida: "Se as águas do mar da vida quiserem te afogar, segura nas mãos de Deus e vai. Se as tristezas desta vida quiserem te sufocar, segura na mão de Deus e vai. Segura na mão de Deus, segura na mão de Deus, pois ela, ela te sustentará. Não temas, segue adiante e não olhes para trás: segura na mão de Deus e vai" (Associação do Senhor Jesus).

Jesus Cristo, estando conosco e realizando a vontade do Pai, enfrentou muitas dificuldades para cumprir sua missão até o final. Vem a nossa lembrança aquele momento crucial em que a vida de Jesus estava em jogo, pois podia dizer não à vontade do Pai e seguir seu trajeto pessoal ou poderia pegar o caminho mais estreito e dizer sim à vontade do Pai e nos salvar. No Monte das Oliveiras, no Getsêmani, em oração, Jesus vai dizer ao Pai: "Meu Pai, se é possível, afaste de mim este cálice. Contudo não seja feito como eu quero, e sim como tu queres" (Mt 26,39). A escolha feita por Jesus foi a escolha do Pai a nossa salvação. Ele enfrentou o caminho estreito e cumpriu plenamente sua missão.

Vendo toda a história de Jesus, a partir das narrativas do Evangelho, notamos que sua vida sempre foi cercada de pressão e dificuldades, como as constantes interferências dos fariseus e doutores da lei que não o aceitaram como o Filho amado do Pai, o Messias prometido. No entanto, Jesus, com amor, com liberdade e com consciência, sempre realizou o que tinha de ser feito em favor dos filhos e filhas de Deus. Ele trouxe para nós a Boa-Nova do Reino, ensinou-nos a amar a Deus e aos irmãos e nos convidou para sermos seus discípulos, continuando assim sua missão nos dias de hoje.

Tendo percebido a liberdade de Jesus e sua escolha consciente de fazer a vontade do Pai, dentro de sua liberdade de filho de Deus, o que escolhemos, qual a nossa opção? Estamos diante de dois caminhos... depois de ter percorrido as duas etapas anteriores e estar terminando esta, resta-nos apenas usar de nossa liberdade para escolher.

Os caminhos são:

1. **O caminho do "ter"**. Esse caminho é cheio de atrativos, seduções, fascina-nos, parece apresentar uma felicidade encantadora e sem fim! Nele podemos encontrar a segurança das riquezas, do status, do poder, do prazer em qualquer momento. Faz-nos sentir orgulhosos de nós mesmos e do que realizamos, leva-nos à autossuficiência. Nesse caminho nos consideramos o centro de tudo.
2. **O caminho do "ser"**. Esse caminho leva-nos a sentir que somos filhos amados de Deus; alguém que necessita de sua bênção para viver cada dia que Ele nos concede. Leva-nos a sentir como alguém que é enriquecido com os dons que Deus nos deu, e esses dons são para colocar-nos a serviço dos outros irmãos e irmãs. Esse caminho leva-nos a valorizar o que somos. E leva-nos a ter a alegria de partilhar com os outros tudo isso. Leva-nos a compreender que as pessoas são nossos irmãos e irmãs e precisam de nosso amor, de nosso respeito, e coloca-nos a serviço delas. Nesse caminho, sentimo-nos felizes e realizados, relacionando-nos com amor e respeito com todos, sem fazer distinção de ninguém. Ele é um convite para relativizarmos o ter, renunciando a tudo que nos distancia da vontade de Deus, para ganharmos **TUDO**, a vida eterna. Esse foi o caminho de Jesus e dos discípulos.

Querido jovem, a escolha é sua, estamos orando para que opte pelo caminho de Jesus, o qual os discípulos trilharam e muitos outros nesses dois mil anos de caminhada de nossa Igreja. É um caminho mais difícil, mas que lhe dará a verdadeira felicidade.

2. Bibliografia para aprofundamento do texto

2.1. BÍBLIA MENSAGEM DE DEUS. Loyola, São Paulo, 1989.
2.2. BÍBLIA SAGRADA. Edição Pastoral, Paulus, São Paulo, 1990.
2.3. BÍBLIA MENSAGEM DE DEUS. Santuário, Aparecida, 1983.
2.4. CENCINI, Amedeo. Vocações da nostalgia à profecia. Paulistas. São Paulo, 1990.
2.5. PALAVRA E VIDA. *O evangelho comentado cada dia*. Ave-Maria. São Paulo, 2013.

3. Questões para aprofundamento

Em um mundo onde as pessoas, induzidas pelo capitalismo neoliberal, procuram a satisfação de seus desejos e regulam suas vidas no TER em detrimento do SER, a mensagem de Jesus parece tornar-se inaceitável. A maioria dos cristãos acredita em Jesus, mas não vive seus ensinamentos. Jesus o convida para caminhar com Ele, você está disposto?

4. Músicas

4.1. *A verdade vos libertará*. Pe. Zezinho, scj.
4.2. *Procurando a liberdade*. Hc Brown e Ageu Andrade.
4.3. *Quem nos separará?* Pe. Valmir Neves Silva.
4.4. *Mais outro dia findou*. Pe. Zezinho, scj.
4.5. *Há um barco esquecido na praia*. Pe. Zezinho, scj.
4.6. *Outra vez me vejo só com meu Deus*. Carlos A. Toloni e Eurivaldo S. Ferreira.
4.7. Outras músicas, de acordo com a escolha do grupo.

5. Atividade pessoal ou grupal

Os dois caminhos

Objetivo: Ajudar o grupo a refletir que cada escolha que fazemos traz consequências significativas para nossa vida.

5.1. Dizer ao grupo que faremos uma brincadeira a partir dos dois caminhos: o de Deus e o do mundo.

5.2. No primeiro momento, dizer que todos devem se comportar como se tivessem escolhido o caminho do mundo. Colocar em cada canto da sala (quatro cantos) uma palavra do mundo, exemplo: Dinheiro – Balada – Celular – Viagens – Bebidas – Drogas. Animar o grupo a olharem bem para as palavras, e cada pessoa poderá fazer sua escolha. Assim que tiverem escolhido, no sinal do animador, todos deverão correr para aquela palavra. Dar tempo para as pessoas de cada canto conversarem sobre a escolha e depois convidar uma pessoa de cada canto para falar o porquê da escolha.

5.3. Animar as pessoas a fazerem a escolha de outra palavra do mundo. No sinal do animador, todos deverão ir para a segunda escolha. Dar um tempo para as pessoas de cada canto conversarem sobre a segunda escolha e em seguida uma pessoa de cada canto deverá falar de sua escolha.

5.4. Convidar todos para voltarem para o círculo novamente.

5.5. O animador, nesse momento, orientará o grupo a optar pelo caminho de Jesus. Colocar em cada canto da sala (quatro cantos) uma palavra ligada ao caminho de Jesus, exemplo: Liberdade – Compromisso – Fé – Amor/Caridade – Esperança – Sacrifício – Salvação. Usar o mesmo procedimento feito com palavras ligadas ao mundo.

5.6. Voltar para o círculo e compartilhar com o grupo o que acharam importante nessa dinâmica para a vida.

II • REZANDO MINHA VOCAÇÃO

1. Orientações para a oração pessoal (rezar apenas um texto por dia)

1.1. Determinar o horário e o tempo de sua oração.
1.2. Pedir a graça que deseja para esse momento de oração.
1.3. Ler e reler o texto com muita calma.
1.4. "Saborear" com o coração o que o marcou.
1.5. Encerrar a oração, agradecendo ao Senhor este encontro.

2. Textos bíblicos para sua oração pessoal (rezar um texto por dia)

2.1. Lc 4,1-13 – Liberdade de Jesus.
2.2. Fl 2, 6-11 – "Esvaziou-se de si mesmo."
2.3. Mc 6,17-29 – "Não é permitido você se casar com a mulher de seu irmão".
2.4. Mc 10,15-24 – Liberdades enganosas.
2.5. Gn 22,1-9 – Liberdade de entrega.
2.6. Sábado, fazer a avaliação da oração pessoal durante a semana.
2.7. Domingo, participar na paróquia ou na comunidade.

3. Fazer a leitura orante dos textos bíblicos

3.1. O que diz o texto? O texto fala de quê?
3.2. O que o texto diz para mim hoje? Penso em que preciso mudar...
3.3. O que o texto me faz dizer a Deus? Rezo, louvo, agradeço.

3.4. O que o texto me leva a fazer? Faço silêncio... Escuto o que Deus me pede.

3.5. Qual o desafio de pôr em prática o que Deus me pediu?

4. Anotar em seu caderno de oração, após cada texto bíblico, aquilo que mais tocou seu coração

5. Compromisso de vida

5.1. Verificar como você tem usado sua liberdade.

5.2. Visitar uma comunidade religiosa e perguntar para algumas pessoas da comunidade sobre o uso da liberdade pessoal.

OBS.: Procure ser sincero, transparente e simples, partilhando tudo (sentimentos, medos, dúvidas, receios, apegos), pois isso o ajudará no discernimento vocacional.

"Liberdade é poder eleger Jesus como único centro de toda a sua vida."

"Largo é o caminho para a destruição e estreito é o caminho para o céu."

"Quanto mais demoramos em tomar decisões, mais se agarram a nossos pés as incertezas e inseguranças."

(Márcia Isquio)

19 TOMANDO MINHA DECISÃO

I • REFLEXÃO

1. Texto

No livro do Gênesis, vemos que Deus, quando criou o homem e a mulher, criou-os livres para serem felizes um ao lado do outro, com a responsabilidade de cuidar de toda a criação. Na narrativa do Gênesis, vemos também que o ser humano, em uma busca de autossuficiência e acreditando que conseguiria viver feliz sem Deus, optou em desobedecê-lo e seguir seu próprio rumo. Essa infeliz escolha trouxe para o ser humano a infelicidade e o distanciamento do Criador. A escolha poderia ser: fazer a vontade de Deus.

Jesus, o enviado do Pai para nós, ao contrário de Adão, optou por Deus, tomando a decisão de cumprir sempre sua vontade. Ele teve de tomar muitas decisões em sua vida, mas soube valorizar e respeitar as instâncias que favoreceram em seu desenvolvimento, convivendo bem com seus pais, assumindo trabalhos domésticos e profissionais, participando da vida religiosa da família e da comunidade. Na fase adulta, para cumprir plenamente a vontade do Pai, tomou a decisão de deixar família, trabalhos, comunidade e cidade, ficando livre para anunciar a Boa-Nova do Reino, para levar vida e esperança para os mais pobres e necessitados, para perdoar os pecadores e para salvar toda a humanidade, dando sua própria vida.

Quando Jesus chamou os discípulos para segui-lo, chamou com ternura e pelo nome. Eles poderiam muito bem tomar a decisão de não ir com Ele, pois eram homens livres, no entanto, fizeram a escolha por Jesus, dizendo sim a seu convite. Eles deixaram famílias, comunidades, redes, barcos, postos de arrecadação, por causa de Jesus e da Boa-Nova do Reino de Deus. Eles acolheram o chamado, foram obedientes a Jesus, assim como Jesus foi obediente à vontade do Pai; por isso conseguiram cumprir bem a missão a eles designada.

A decisão de seguir Jesus é pessoal, não pode ser só porque alguém quer que o sigamos. Sim, Jesus chama, mas Ele respeita nossa decisão em segui-lo ou não. Na medida em que tomamos a decisão de forma consciente, sabemos o que estamos fazendo, assumindo, assim, as alegrias e tristezas da caminhada vocacional e missionária, sem desanimar. Quando a opção não é nossa, corremos sempre o risco de não assumirmos por inteiro a vocação e a missão, e, diante de algum fracasso ou dificuldade na caminhada, estaremos sempre procurando um culpado pela escolha que fizemos.

O vocacionado deve manter-se sempre unido à pessoa de Jesus Cristo, pois Ele é o caminho, a verdade e a vida. Um meio que pode nos ajudar a estar sempre sentindo a presença dele conosco é a vida de oração e de participação nos sacramentos deixados por Ele, para que possamos sempre sentir sua presença, que nos fortalece e nos enche de alegria.

Por outro lado, é necessário assumirmos com responsabilidade os compromissos de cada cristão batizado junto à comunidade e às pessoas com as quais convivemos no dia a dia de nossa vida. O apóstolo Tiago nos alerta: "Meus irmãos, se alguém diz que tem fé, mas não tem obras, que adianta isso? Por acaso a fé poderá salvá-lo? Por exemplo: um irmão ou irmã não têm o que vestir e lhes falta o pão de cada dia. Então alguém de vocês diz para eles: 'Vão em paz, aqueçam-se e comam bastante'; no entanto, não lhes dá o necessário para o corpo. Que adianta isso? Assim também é a fé: sem obras, ela está completamente morta" (Tg 2,14-17).

É Jesus que nos chama. Coloquemo-nos como chamados e demos nossa resposta a Ele. Ao respondermos sim a Jesus, precisamos ter consciência de que muitos sentimentos poderão aparecer nesse momento, como por exemplo sentimentos de alegria, de satisfação, de paz interior, de tranquilidade, bem como sentimentos de ansiedade, de angústia, de medo, de insegurança. Não tenhamos medo de nossos sentimentos, tenhamos coragem de tomar nossas decisões, confiando sempre em Jesus que um dia reunido com os discípulos disse: "Eis que eu estarei com vocês todos os dias, até o fim do mundo" (Mt 28,20).

Não tenhamos medo de deixar de nos preocupar com o futuro, de deixar relacionamentos e afetos para trás, de deixar a possibilidade de ter um grande emprego e faculdade, de não conquistar grandes patrimônios, de fazer grandes viagens etc. Lembremo-nos de que ao escolher Jesus estaremos escolhendo a melhor parte (cf. Lc 10,41-42). Ao optarmos em seguir Jesus e a Boa-Nova do Reino estaremos fazendo parte daquele grupo de pessoas que, por deixarem tudo para segui-lo, receberam muito mais e tiveram a vida eterna (cf. Mt 19,29).

2. Bibliografia para aprofundamento do texto

2.1. BÍBLIA SAGRADA. Edição Pastoral, Paulus, São Paulo, 1990.
2.2. PAGOLA, José Antônio. *O caminho aberto por Jesus (Mateus)*. Gráfica de Coimbra, Coimbra, 2010.
2.3. PAGOLA, José Antônio. *O caminho aberto por Jesus (Lucas)*. Gráfica de Coimbra, Coimbra, 2010.

3. Questões para aprofundamento

3.1. Neste momento de seu processo vocacional, com certeza você entrou em contato consigo e, através da oração, tomou consciência do caminho feito e da decisão que está tomando. Tente agora se projetar diante de seus sentimentos e perceba os efeitos dessa decisão em sua vida daqui a uns cinco ou dez anos. Como se sentirá?

3.2. Você se sente tranquilo para tomar sua decisão?

3.3. Há algo que ainda está lhe amarrando? O quê?

4. Música

4.1. *A decisão é tua*. Pe. Zezinho, scj.

4.2. *Vem, caminheiro, o caminho é caminhar*. José Freitas Campos.

4.3. *O Senhor me chamou a trabalhar*. DR.

4.4. *Maria do sim*. Mary Cecilia.

4.5. *Senhor, eu quero te agradecer*. Francisco José Silva.

4.6. Outras músicas, de acordo com a escolha do grupo.

5. Atividade pessoal ou grupal

Buscando solidariedade

Objetivo: Despertar para o desenvolvimento do espírito solidário entre as pessoas.

5.1. O animador deverá providenciar com antecedência dois bombons, dois cabos de vassoura e dois barbantes.

5.2. Preparar uma mesa no centro do círculo do grupo e colocar os materiais, acima elencados, em cima de uma mesa.

5.3. Pedir a dois voluntários para realizarem a dinâmica. Esses deverão ser amarrados aos cabos de vassoura com os braços abertos. Os cabos de vassouras devem ser colocados nas costas, acompanhando os braços, e amarrados com barbante no pulso, bem próximos das mãos, de tal forma que não seja possível dobrar os braços (como se estivesse crucificado).

5.4. Orientar os voluntários dizendo que o chocolate são deles e podem comê-los, mas não podem dobrar os braços. Tendo entendido a orientação poderão ir em direção aos chocolates para comê-los.

5.5. Enquanto isso, o grupo ficará na torcida e observará o que acontecerá, sem dar sugestões.

5.6. Concluída a tarefa, tirar o cabo da vassoura de cada voluntário e conversar sobre a dinâmica, podendo-se usar as seguintes perguntas:

- Como os voluntários se sentiram? E os demais participantes?
- O que o grupo observou? Como se deu o processo de comer os bombons? Poderia ter sido diferente? Como?
- Isso tem a ver com nosso dia a dia? O quê? Por quê?
- Quais são nossas amarras? Quais as consequências dessas amarras? O que fazer para nos libertar de nossas amarras?
- O que os bombons podem significar para nós? O que faz nossa vida ser mais doce, alegre e feliz?
- Qual a relação da dinâmica com o tema: A decisão é tua!

II • REZANDO MINHA VOCAÇÃO

1. Orientações para a oração pessoal (rezar um texto por dia)

1.1. Escolher um lugar para sua oração.
1.2. Determinar o horário e o tempo de sua oração.
1.3. Pedir a graça que deseja para esse momento de oração.
1.4. Ler e reler o texto com muita calma.
1.5. "Saborear" com o coração o que o marcou.
1.6. Concluir a oração, agradecendo ao Senhor este encontro.

2. Textos bíblicos para sua oração pessoal

2.1. Mt 4,18-22 – "Vinde após mim e os farei pescadores de homens".
2.2. Lc 6,12-16 – Ele chama você também.
2.3. 1Sm 3,1-10 – Eis-me aqui, Senhor.
2.4. Mc 14,17-21 – "Um de vós há de me trair."
2.5. Lc 9,51-62 – Ter sempre Jesus com você.
2.6. Sábado, fazer a avaliação da oração pessoal durante a semana.
2.7. Domingo, participar na paróquia ou na comunidade.

3. Fazer a leitura orante dos textos bíblicos

3.1. O que diz o texto? O texto fala de quê?
3.2. O que o texto diz para mim hoje? Penso em que preciso mudar...
3.3. O que o texto me faz dizer a Deus? Rezo, louvo, agradeço.

3.4. O que o texto me leva a fazer? Faço silêncio... Escuto o que Deus me pede.

3.5. Qual o desafio de pôr em prática o que Deus me pediu?

4. Anotar em seu caderno de oração, após cada texto bíblico, aquilo que mais tocou seu coração

5. Compromisso de vida

5.1. Faça uma revisão de seus escritos e veja o caminho feito para dar sua resposta ao chamado de Jesus.

5.2. Abra seu coração para seu acompanhante vocacional e apresente-lhe os sentimentos que envolvem sua decisão vocacional.

5.3. Perceba como ficam seus sentimentos ao dizer **"sim"** ao chamado de Jesus para a vida religiosa ou sacerdotal.

5.4. Marcar o ingresso no Instituto com o qual você assumirá seu compromisso de seguir Jesus Cristo.

OBS.: Procure ser sincero, transparente e simples, partilhando tudo (sentimentos, medos, dúvidas, receios, apegos), pois isso o ajudará no discernimento vocacional.

"Que queres mais? Entrega-te totalmente a Deus e Ele te conduzirá aonde quiser. Se Ele te conduz, permanece tranquilo em suas mãos. Os impulsos da graça jamais devem ser discutidos." (Clélia Merloni)

20 EIS-ME AQUI, SENHOR!

I • REFLEXÃO

1. Texto

Eis-me aqui, Senhor, significa: Senhor, eu me coloco totalmente em suas mãos, eu me entrego com total confiança e disposição para servi-lo. Quem se entrega? Entrega-se quem não suporta mais caminhar sozinho, que se abre para receber ajuda, na certeza de que o Senhor lhe cobrirá com suas graças e o fará feliz. "Tudo posso naquele que me fortalece" (Fl 4,13).

Eis-me aqui é antes de tudo uma confissão de humildade. Toma Senhor, eis aqui a minha vida, pois não sei mais que caminho seguir sem a tua presença, para onde irei Senhor, para onde fugirei, tua és minha força e salvação, em ti encontro toda a minha esperança. "A quem iremos Senhor? Tu tens palavras de vida eterna" (Jo 6,67).

A Bíblia nos mostra, como tivemos a oportunidade de verificar no segundo livro, *Descobrindo minha vocação*, que muitos que se colocaram diante do Senhor, após seu chamado, disseram: "Eis-me aqui". E todos os que foram chamados e disseram sim a Deus deram conta de cumprir a missão a eles designada.

Deus vai tomando conta de nós e, fortalecidos pelo Espírito Santo que nos conduz, podemos cumprir a vontade de Deus. Moisés é um dos exemplos mais significativos que temos, pois quando o Senhor o chamou, vendo seus próprios limites, disse a Deus que tinha dificuldade para falar (Êx 3,11), mas Deus responde a seu escolhido: "Eu serei contigo" (Êx 3,12). Do ponto de vista humano, suas resistências são compreensíveis, pois a missão parece maior que suas forças. Mas Deus sempre prepara o caminho daqueles que Ele chama, permanece sempre junto dos seus. Envia seu Espírito para acompanhá-los.

A Sagrada Escritura nos mostra também que quanto mais Deus penetra na vida interior daqueles que são chamados, maior se torna a consciência do amor que Deus tem por eles e pelo povo.

Neste momento em que você está tomando sua decisão, vale a pena retomar os textos bíblicos que falam da vocação de Samuel e de Maria, que disseram ao Senhor: **"Eis-me aqui, Senhor!"** Releia e reze o chamado de Samuel, um jovem que servia no templo onde atuava o sacerdote Eli. Deus o chamou por duas vezes e ele pensava ser o sacerdote Eli. Na terceira vez foi que Eli confirmou para Samuel que era Deus que o chamava. E ele respondeu a Deus: "Eis-me aqui, Senhor!" (1Sm 3). Maria, também, uma jovem simples e humilde, recebeu a visita do anjo Gabriel, que lhe disse: "Ave, cheia de graça! O Senhor é contigo!" Ela se perturbou e começou um diálogo com o anjo e também respondeu a Deus: **"Eis-me aqui, Senhor!"** (Lc 1,26-38).

As pessoas que fizeram a opção de viver a Vida Religiosa Consagrada também disseram seu sim a Deus, "Eis-me aqui". São cristãos – homens e mulheres – que vivem uma forma especial de seguimento a Jesus Cristo. Vivem em comunidade e cultivam a vida de oração, meditam a Palavra de Deus. Participam na missão evangelizadora da Igreja, com especial atenção aos preferidos de

Jesus: pobres, enfermos, pequenos, pecadores, os marginalizados pela sociedade. Os que abraçam essa forma de vida não se casam, vivem pobremente e obedecem às regras e constituições próprias do Instituto a que pertencem.

A Vida Religiosa é uma forma de pertença a Deus e a Cristo, uma adesão amorosa ao Evangelho e ao Reino de Deus. Pode parecer estranho, mas a iniciativa dessa escolha não é da pessoa, mas de Deus. A pessoa sente-se chamada, atraída, envolvida pelo amor de Deus que a solicita.

A Vida Religiosa é, pois, vida no seguimento de Cristo, que implica partilha de sua vida, seus riscos e esperanças, suas preocupações, seu projeto existencial, suas atitudes vitais e totais. Ao consagrar-se na Vida Religiosa a pessoa faz os votos de castidade, pobreza e obediência, prometendo amor e fidelidade totalmente a Deus, como vimos em capítulos anteriores.

Diga a Deus "Eis-me aqui, Senhor!", sem vergonha, sem máscaras, sem preconceitos. Eis-me aqui, para fazer somente sua vontade, para fazer o que o Senhor tem preparado para que eu faça, para falar sobre o Senhor sem medo e sem pestanejar, para proclamar aos quatro cantos da Terra como o Senhor nos ama e o quanto o Senhor quer que sejamos livres! Eis-me aqui, despindo-me de todo o meu eu, deixando que somente o Senhor resplandeça através de minha vida, deixando todo o orgulho de lado. Eis-me aqui, para cumprir o Ide! Eis-me aqui, para ser mão estendida a meu próximo, para amá-lo como a mim mesmo e para enxergá-lo com seus olhos, como o Senhor o vê. Eis-me aqui, para ser seu servo, tão somente isso! Eis-me aqui, para fazer o que o Senhor me pedir, sem reclamar ou questionar, confiando no simples fato que Ele tem o melhor para minha vida. Eis-me aqui, abrindo mão de tudo o que mundo possa me oferecer para ter a grande felicidade de caminhar com você pela eternidade.

Eis-me aqui, para dizer NÃO às ciladas do mundo e seus prazeres, que tentam me afastar de você. Eis-me aqui, para fazer a diferença neste mundo que anda tão igual e tão imediatista. Faça em mim seu querer, use-me como instrumento em suas mãos.

Meu irmão e minha irmã, em seu "sim", está o projeto do Pai. Coragem e muita confiança, e siga Jesus aonde quer que Ele vá. Muita paz e perseverança.

2. Bibliografia para aprofundamento do texto

2.1. BÍBLIA SAGRADA. Edição Pastoral, Paulus, São Paulo, 1990.
2.2. BÍBLIA MENSAGEM DE DEUS. Santuário, Aparecida, 1983.
2.3. PAGOLA, José A. *Caminho aberto por Jesus (João)*. Vozes, Petrópolis, 2013.

3. Questões para aprofundamento

3.1. Vendo o sim determinado de tantos personagens bíblicos e da história da Igreja, você se sente mais animado e encorajado para também dizer seu Sim a Deus?
3.2. Ao ver o sim desses personagens referidos acima, o que mais chamou sua atenção?
3.3. Você se identifica com a história de algum personagem? Qual e por quê?

4. Músicas

4.1. *Eis-me aqui, Senhor*. D. Pedro Brito Guimarães e Frei Fabreti.
4.2. *Senhor, se tu me chamas*. Frei Luiz Carlos Susin.
4.3. *Quando chamaste os doze primeiros*. José A. Santana.
4.4. *Um dia escutei teu chamado*. José A. Santana.

4.5. *Tu me conheces* (Sl 138). D.R.
4.6. *Eu te ofereço meu viver.* Pe. José Cândido da Silva.
4.7. Outras músicas, de acordo com a escolha do grupo...

5. Atividade pessoal ou grupal

Eis-me aqui, Senhor!

Objetivo: Procurar através da vocação dos personagens bíblicos ver a própria vocação.

5.1. Reunir o grupo e dividi-lo em três subgrupos.
5.2. Entregar para cada subgrupo o roteiro da vocação de um personagem bíblico. Sugerimos a vocação de Moisés, a vocação de Maria e a vocação de São Paulo.
5.3. Dar um tempo para cada grupo ler e preparar uma encenação sobre a vocação de um dos personagens.
5.4. Combinar com os grupos a ordem de apresentação das encenações.
5.5. Assim que todos os subgrupos tiverem apresentado, poderão cantar um hino vocacional.
5.6. Abrir para cada subgrupo partilhar as facilidades e dificuldades encontradas na preparação da encenação. As pessoas poderão falar sobre a apresentação dos outros subgrupos, também.
5.7. Qual a mensagem que cada participante poderá tirar das encenações e da vida dos vocacionados apresentados?

II • REZANDO MINHA VOCAÇÃO

1. Orientação para a oração pessoal

1.1. Determinar o horário e o tempo de sua oração.
1.2. Pedir a graça que deseja para esse momento de oração.
1.3. Ler e reler o texto com muita calma.
1.4. "Saborear" com o coração o que o marcou.
1.5. Encerrar a oração, agradecendo ao Senhor este encontro.

2. Textos bíblicos para sua oração pessoal (rezar um texto por dia)

2.1. Fl 3,7-11 – O bem supremo é Jesus.
2.2. 2Cor 12,5-10 – "Basta-me a tua graça."
2.3. Is 50,4-7 – "O Senhor Deus abriu meus ouvidos."
2.4. Sl 116,12-19 – "Cumprirei meus votos para com o Senhor."
2.5. Jo 21,15-19 – "Sim, Senhor, tu sabes que te amo."
2.6. Sábado, fazer a avaliação da oração pessoal durante a semana.
2.7. Domingo, participar na paróquia ou na comunidade.

3. Fazer a leitura orante dos textos bíblicos

3.1. O que diz o texto? O texto fala de quê?
3.2. O que o texto diz para mim hoje? Penso em que preciso mudar...
3.3. O que o texto me faz dizer a Deus? Rezo, louvo, agradeço.

3.4. O que o texto me leva a fazer? Faço silêncio... Escuto o que Deus me pede.

3.5. Qual o desafio de pôr em prática o que Deus me pediu?

4. Anotar em seu caderno de oração, após cada texto bíblico, aquilo que mais tocou seu coração

5. Compromisso de vida

5.1. Conversar com seu pároco sobre sua decisão final.

5.2. Marcar o ingresso no Instituto com o qual você assumirá seu compromisso de seguir Jesus Cristo.

5.3. Marcar uma missa de ação de graças e convidar os religiosos e as religiosas e jovens de sua comunidade para participarem de seu envio.

OBS.: Procure ser sincero, transparente e simples, partilhando tudo (sentimentos, medos, dúvidas, receios, apegos), pois isso o ajudará no discernimento vocacional.

"Todos os que abraçaram a fé eram unidos e colocavam em comum todas as coisas; vendiam suas propriedades e seus bens e repartiam o dinheiro entre todos, conforme a necessidade de cada um. Diariamente todos frequentavam o templo e nas casas partiam o pão, tomando alimento com alegria e simplicidade de coração. Louvavam a Deus e eram estimados por todo o povo." (Atos 2,44-47)

Perguntou o Papa Francisco: "O que nos diz o Senhor?" Diz: "Ide, sem medo, para servir".

CONCLUSÃO

A vida do consagrado e da consagrada deve ser sempre marcada pela frase que encontramos no Novo Testamento: "Tudo posso naquele que me fortalece" (Fl 4,13). Olhando para a pessoa de Jesus sempre encontramos a força, a coragem e a fortaleza para prosseguir, responder ao chamado que Deus nos faz. Inspirando-nos nessa frase, podemos iniciar todos os nossos dias com disposição para fazer a vontade de Deus.

Todos nós somos chamados a viver a santidade em nosso cotidiano; é isso que Deus espera de nós, seus filhos e filhas. Podemos viver a santidade na missão que desenvolvemos a cada dia como pai, mãe, como padre, religiosa ou religioso, como cristão no mundo. Seja qual for nossa vocação, religiosa ou não, o importante é buscarmos a cada dia viver na fidelidade a Deus, assumindo com amor a vocação que Deus nos confiou. Sabemos que viver bem a vocação é um desafio, mas esse desafio pode ser superado com a vida de oração, na qual colocamos com confiança nas mãos do Senhor nossa vida, nossa vocação e a missão que realizamos ou realizaremos.

Ao olharmos para a realidade atual, vemos que a sociedade ao longo das últimas décadas foi desenvolvendo uma cultura do descartável, do provisório, das relações superficiais, do individualismo, do consumismo e de outros aspectos que distanciam as pessoas dos valores do Reino de Deus. Nossos jovens beberam e bebem dessa cultura do descartável e, por isso mesmo, vemos tantos casamentos dissolvidos e que estão se dissolvendo por pequenos problemas encontrados na relação a dois. Vemos também religiosos, recém-professos, e sacerdotes, recém-ordenados, que acabam deixando a vida consagrada e sacerdotal para assumirem outro modo de vida. Vemos também cristãos, de nossa Igreja, deixarem de participar, ou até mudam de denominação, porque se desentenderam com as lideranças da comunidade, ou porque Deus não tem atendido às necessidades do jeito que pediu em sua prece.

Estamos em plena modernidade de um mundo secularista. Sabemos que o jovem está, constantemente, enfrentando desafios na tentativa de responder quem eu sou? O que quero para minha vida? Deus me chama para viver em qual vocação? São questões que precisam ser respondidas e bem respondidas para que o jovem possa alcançar sua realização e também para fazer a vontade de Deus.

Graças a Deus que os jovens não estão sozinhos para refletir sobre os desafios de seu discernimento vocacional. Acreditamos que nós, acompanhantes vocacionais e espirituais, podemos ajudar o jovem, que se sente chamado por Deus, a fazer uma caminhada que favoreça sua decisão vocacional. A primeira atitude de quem acompanha o vocacionado deve ser seu acolhimento, como Jesus fazia com seus discípulos. Por outro lado é muito importante saber ouvir os apelos, as dúvidas, as afirmações que o jovem faz durante a etapa de seu discernimento vocacional.

Este material, que apresentamos a todos os que realizam o acompanhamento vocacional, também quer ser um subsídio facilitador no processo de discernimento vocacional. Pode servir como um guia para o vocacionado responder com mais serenidade ao chamado que o Senhor lhe faz.

Queridos amigos e amigas, coloquemos, com confiança nas mãos da Virgem Maria, Mãe de Deus e Nossa Mãe, nossa grande intercessora junto a Jesus, nossas preces em favor de nossa juventude, para que possa tomar as decisões com liberdade, ânimo, fé, coragem, amor, alegria e esperança. Que a Virgem Maria vos ajude a testemunhar Jesus Cristo e seu Evangelho a todas as pessoas. Que Ela nos ajude a enfrentar todas as pedras e dificuldades do caminho, a cruz de cada dia, na firme esperança que nada nos separará do amor de Cristo e que com Ele venceremos.

BIBLIOGRAFIA

A BÍBLIA. Tradução Ecumênica. São Paulo, Paulinas, 1996.

A BÍBLIA DE JERUSALÉM. São Paulo, Paulinas, 1980.

ANTOLOGIA ESPIRITUAL. *Casa geral das ASCJ*, 1992.

ALBA, Juan Manuel Garcia de sj. *Cristo Jesus. Conhecê-lo, amá-lo, segui-lo*. Bauru, Edusc, 1994.

BARROS. *Conversando com Mateus*. São Paulo, Paulus, Bauru, SP, 1994.

BÍBLIA SAGRADA. EDIÇÃO PASTORAL. São Paulo, Paulus, 1990.

BÍBLIA SAGRADA. *Nova tradução na linguagem de hoje*. Com método lectio divina. S/Local, Sociedades Bíblicas Unidas, 2012.

CANTA POVO DE DEUS. Equipe pastoral. Indaiatuba, CEI-Itaici, 1993.

CENTRO VOCACIONAL PAULINO. *Mestre, onde moras?* São Paulo, Paulus, 1994.

CATECISMO CATÓLICO. *Texto típico latino*. Cidade do Vaticano, 1992.

COLAVECCHIO, Ronaldo L. *O caminho do filho de Deus*. São Paulo, Paulus, 2005.

CONCORDÂNCIA BÍBLICA. S/Local: Sociedade Bíblica do Brasil, 2013.

CURRAZ, Paulo. *A vida de oração. A oração cristã*. Lisboa, Paulus, 2012.

DEUS CONOSCO. *Juntos cantemos*. Aparecida, Santuário, 2012.

DOCUMENTOS DA CNBB. Diretrizes Gerais da Ação Evangelizadora da Igreja no Brasil. São Paulo, Paulinas, 2011.

DOCUMENTO DE APARECIDA. *Texto conclusivo da V Conferência Geral do Episcopado Latino-Americano e do Caribe*. Conselho Episcopal Latino-Americano. São Paulo, Paulus, 2007.

GUZMÁN, Maria Dolores Lopez. *Quando você for orar... Guia e ajuda iniciar-se na oração*. São Paulo, Paulus, 2007.

KOLLING, Irmã Míria T. *Cantos e orações*. Petrópolis, Vozes, 2008.

LA CASA DE LA BÍBLIA. *O verdadeiro rosto de Jesus*. Coimbra, Gráfica de Coimbra, 1996.

LOUVEMOS O SENHOR. Campinas: Associação do Senhor Jesus. 2013.

MAGGIONI, Bruno. *Era verdadeiramente homem*. São Paulo, Loyola, 2003.

MERLONI, Madre Clélia. *Palavras da madre*. S/Local, Escolas Gráficas Salesianas, 1971.

PENRA, Ir. Maria Emília, ascj. *Pensando em você*. Roma, Graphisoft de Roma, 2003.

PAGOLA, José Antônio. *O caminho aberto por Jesus. Marcos*. Coimbra, Gráfica de Coimbra, 2010.

_____ *O caminho aberto por Jesus. Mateus*. Coimbra, Gráfica de Coimbra, 2011.

PAIVA, Pe. R. Patrick. *Teresa Cristina*. São Paulo, Edições Loyola, 2007.

SHIMITZ, Quirino A. *Eu vi Jesus de Nazaré*. Aparecida, Santuário, 2003.

TEXTO BASE DO 2º CONGRESSO VOCACIONAL, "IDE TODOS VÓS PARA MINHA VINHA!" Brasília, CNBB, 2005.

TOMAI SENHOR E RECEBEI! (cantos e orações). São Paulo, Loyola, 1991.

VILARINHO, Isaac J. *Nos passos de Jesus*. Aparecida, Santuário, 2000.

YOUCAT. *Brasil, catecismo jovem da Igreja Católica*. São Paulo, Paulus, 2013.

BAUMAN, Zigmunt. *Amor líquido* (sobre a fragilidade dos humanos). São Paulo, Saraiva, 2007.

Sites

www.cliarbs.com.br/jsc/sc/impressa

www.icrvb.com.gospel

www.pime.org.br

www.diocesedepicos.org.br

www.revisebd.com

www.seguirjesus.com.br

www.escrivaworks.org.br

A marca FSC® é a garantia de que a madeira utilizada na fabricação do papel deste livro provém de florestas que foram gerenciadas de maneira ambientalmente correta, socialmente justa e economicamente viável.

Este livro foi composto com as famílias tipográficas Humanst e Stentiga e impresso em papel Offset 75g/m² pela **Gráfica Santuário.**